影响孩子一生的（彩图版）

中外名人成才故事

Celebrity Stories

主编/龚 勋

发明大家

江西教育出版社
JIANGXI EDUCATION PUBLISHING HOUSE

为你打造一所成功学院

　　每个人都梦想成功，每个人都有成功的潜能，但不是每个人都能成功，只有掌握成功的秘诀才有可能获得成功。那么，从哪里可以学到成功的秘诀？从本系列图书开始，你将步入一所不同凡响的成功学院，这里的老师个个都是其所在领域中创造历史、改变历史的精英人物。

　　"影响孩子一生的中外名人成才故事"系列汇集了古今中外数百位名人，既有雄韬伟略的领袖，又有勇猛无畏、叱咤风云的军中豪杰；既有睿智深刻的哲人，又有孜孜追求真理的科技英杰；既有笔耕不辍的文坛俊杰，又有创造精湛艺术的杰出代表……他们将带领孩子们去回顾他们的成长历程，将他们博大精深的智慧传授给孩子们，更重要的是带孩子们体验和领悟他们那种为了理想执著追求的勇气和精神。

　　这些名人们的成长积累下丰富的成功经验，是帮助我们走向成功的一条捷径。只要我们认真学习、深刻领悟，我们也会像这些名人一样，通过不懈努力一步步走向辉煌！

Celebrity

总有一种力量
让我们前行……

在人类社会各个阶段中，总有着一些与众不同的人物：他们具备睿智的目光，拥有深邃的思想，蕴藏超人的智慧，具有追求真理的精神……在无法逆转的社会进步大潮中，他们用自己的杰出贡献在人类历史上留下了一串串不可磨灭的印迹。

但是，名人不是自然生成的，他们也曾和我们一样默默无闻，也曾在迷惘与困顿中徘徊……但是，他们的坚毅品性、过人胆略、恒定信念与执著勇气，使他们熬过了人生的严冬，迎来了生命的春天。

本系列共八册，从人类历史中筛选出具有代表性的数百位精英人物，按领域分为政治领袖、军事将领、圣哲名师、科技英杰、文学泰斗、艺术巨擘、名家名流、发明大家，以生动的故事形式分别讲述了他们的成长、成才历程，让孩子们在轻松、愉快的阅读中体验名人们在政治活动中的雄韬伟略，在战争环境下的雄风与智谋，在哲学伦理中的深邃与博大，在文学艺术中的激情与创造，以及在科学技术中的严谨与神奇。与此同时，孩子们也能从中受到激励、启发和教益，从而充实自我、提高自身修养，树立远大的志向。

相信读完本系列书后的你会从名人的身上，找到鞭策自己前进、激励自己奋斗的动力。

前 言
FOREWORD

每位名人都有一个成功的人生

在科学的殿堂里，涌现出众多成就非凡的发明家。他们的每一项发明与创造都能将人类的文明推向一个新的高峰，人们的生产、生活也因此发生着日新月异的变化。

然而，每一项发明与创造并不是一蹴而就的，无不凝结着发明家们无尽的心血与智慧。他们那潜心钻研、锐意进取与百折不挠的精神，一次次激励着后人。华佗立志终身行医济世，他潜心研究医学，矢志不移，最终掌握了精湛的医术，并发明了世界上最早的麻醉剂——麻沸散；富尔顿在研制蒸汽轮船时一度陷入困顿，但他没有放弃努力，凭着永不服输、坚忍不拔的意志和毅力，成功地将人类带入水上航行的蒸汽时代；爱迪生做了数千次实验，才研制出白炽灯，为人们送来一个光明的世界；莱特兄弟不惜冒着生命危险进行飞行试验，他们凭着对飞行的热爱和勇于付出的精神，终于实现了千百年来人类渴望飞行的梦想……

本书从世界范围内遴选出30位具有代表性的发明大家，讲述了他们成才、成功的历程。这些扣人心弦的故事，能让我们从多个侧面了解名人走向成功的过程，去体验充满艰辛与奋斗的人生百味。

　　书中精彩的图文，为我们展开了尘封的历史画卷。就让我们从这里出发，沿着名人的轨迹，成就自己的精彩人生！

目录

CONTENTS

successful life

站在名人的肩膀上，
让我们懂得更多，看得更远……

能工巧匠的祖师
鲁班

人物档案

姓　　名：公输般
生 卒 年：约公元前507～前444
籍　　贯：鲁国（今山东）
身　　份：木工
重大成就：发明了多种工具器械

　　春秋末期，鲁班出生在鲁国一个工匠家庭里。在家庭环境的影响和熏陶下，他从小就喜欢上了机械制造、手工工艺和土木建筑。成年后，鲁班子承父业，成为一名工匠。他聪明好学，喜欢琢磨，发明了许多工具、器械。这些发明把工匠们从原始的、繁重的劳动中解放出来，大大提高了生产效率。

　　传说有一年，鲁班接受了一项非常艰巨的任务——建造一座大宫殿。这需要很多木料，但是工程期限很紧。鲁班的徒弟们每天都上山砍伐木材。当时还没有锯子，他们只能用斧子砍，所以效率非常低。

在那个年代，完成不了任务要受到重罚，鲁班心里非常着急，就亲自上山查看。上山的时候，他抓住一丛草往上爬，手一下子就被草叶上的细齿给划破了。鲁班想："既然小草的齿可以划破我的手，那带有很多小齿的铁条应该也能把大树锯断。"于是，他把这个想法告诉给金属工匠。就这样，世界上的第一把锯便出现了。鲁班用这把简陋的锯去锯树，果然既快又省力。

鲁班长期从事木工活实践，需要经常与木头打交道，他发现了许多可以进行技术改进的地方。在鲁班之前，怎样使木板既平整又光滑这个问题并没有得到很好的解决，影响了木工技艺的进一步提高。鲁班经过反复多次试验，发明了刨子，对提高木工技艺很有帮助。其他木工工具如铲、凿子、墨斗和曲尺等，传说都是鲁班发明的。在兵器方面，鲁班曾将钩子改制成舟战用的"钩强"，将梯子

Celebrity stories

改造成可以凌空而立的云梯。

　　鲁班对科技进步的贡献可以说是前无古人的，他是中国当之无愧的科技发明之父。

成功密码

　　鲁班在长期的生产劳动中，积累了丰富的实践经验。为了把工匠从繁重的劳动中解放出来，他潜心研究，用自己的智慧和巧手发明出了许多灵巧的工具。他的每一项发明，都是在生产实践中得到启发，并经过反复研究、试验出来的。他的刻苦钻研和勇于创新使得他名扬天下。

造纸术的重要改革者
蔡伦

Cai Lun

人物档案

姓　　名：蔡伦

生 卒 年：？ ~ 121

籍　　贯：桂阳（今湖南郴州市）

身　　份：发明家

重大成就：改进造纸术

　　蔡伦出身于农家，由于家境贫困，他从小就随父亲下田种地。小蔡伦聪明伶俐，又能吃苦耐劳，十分讨人喜欢。15岁左右的时候，迫于生计的蔡伦到宫里做了太监。

　　当时做太监不仅要受阉割之苦，还要受到亲戚朋友的嘲讽。蔡伦为了摆脱贫穷，在精神上不知忍受了多少痛苦。入宫后，蔡伦从最底层的职位"小黄门"做起，天天侍候皇帝和皇室成员，忍受大太监的责骂。蔡伦小心谨慎地效劳，不敢有半点马虎，才渐渐取得了皇帝的信任。

　　公元97年，蔡伦被任命为"尚方

令"。"尚方"是一个重要部门，负责管理皇室金库和宫廷内部事务，并为皇室制造御用器物。任职期间，蔡伦在工艺技术及对此类事物管理上的才华逐渐显露出来。蔡伦升任尚方令不久，皇帝见他做事尽心尽力，便特许他回乡省亲。

蔡伦的家乡桂阳是一个美丽的地方，山清水秀，风景宜人。一天，蔡伦闲来无事，就到河边欣赏风景。突然，他发现垂到河里的树枝上挂满了丝丝缕缕的白色絮状物，捞出来一看，此物薄薄的，用手一扯，还有一定韧性。蔡伦心想："现在的纸成本高，纸质粗糙，不便于书写，这种东西经过加工也许能做成更实用、更廉价的书写材料。"

于是，蔡伦就问在河边居住的老农："老伯，这是什么东西？看着破烂不堪，还挺有韧性。"老农告诉蔡伦："这东西一点也不稀奇，是河水涨潮时冲积下来的烂树皮、烂麻

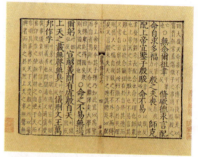

■ 造纸术的改进，使纸成为应用广泛的书写材料。

片绞在了一起，时间长了在水中沤烂就成了这个样子。"

回宫以后，蔡伦向皇帝禀告了此事，并说这些破旧的废物很可能是造纸用的好原料。皇帝非常支持蔡伦的建议，便命他率领一批工匠，利用宫廷作坊里最好的资源，着手研究造纸技术。很快，蔡伦手下聚集了一大批能工巧匠，其中有些人懂得一些造纸技术，蔡伦便不厌其烦地向他们讨教，并认真总结了西汉以来人们的造纸经验。

经过长时间地研究和不断试验，蔡伦开始对造纸的原料和造纸工艺进行改革。首先，他扩展了造纸原料的品种和来源，他把树皮、麻头、破布和旧渔网等都充分利用起来，作为造纸的原料，这比起原来只用麻造纸的情形，既扩大了原料的来源，又降低了纸的成本。

celebrity stories

其次，蔡伦还对造纸的工艺流程进行了改革。他在前人切割纸料、沤煮、舂捣等制纸工艺基础上，增加了一道用石灰液蒸煮的工序。这样就加快了造纸原料的分解速度，而且分解后的原料纤维分布得更加均匀，使造出的纸光滑细致，书写起来非常方便。

■ 蔡伦铜像。

105年，蔡伦把自己造出的纸呈献给汉和帝，汉和帝见了大加赞赏，于是下令推广他的造纸术。此后一千多年间，造纸术传遍了世界五大洲，大大促进了世界各地科学文化的传播和交流，深刻地影响着世界历史发展的进程。

成功密码

蔡伦的成功之路充满了艰辛和坎坷。他虽然出身贫寒，少年时就做了宦官，但他没有对生活失去信心。在担任尚方令后，蔡伦充分利用宫廷的资源，经年累月地研究造纸之法，对造纸工艺进行了大刀阔斧的改革。他凭着坚毅的个性、锐意革新的精神，终于成为影响世界的发明家。

发明地动仪的科学家
张衡

人物档案

姓　　名：张衡

生 卒 年：78～139

籍　　贯：南阳西鄂（今河南南阳市石桥镇）

身　　份：天文学家、文学家

重大成就：发明了候风地动仪

　　张衡出生在一个没落的官僚家庭。由于父亲的早逝，家里生活相当清苦。贫困的生活，不仅没有影响到张衡的求知欲望，反而更加激发他刻苦忘我的学习精神。

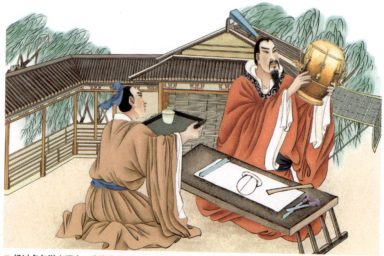

■ 经过多年潜心研究，张衡终于发明了能测定地震方位的候风地动仪。

张衡从小就对瞬息万变的大自然充满了兴趣，他最喜欢做的事就是数星星。有一次，奶奶笑着对张衡说："傻孩子，那么多星星，一闪一闪地乱动，你能数得清吗？"张衡说："奶奶，这些星星是在动，可不是乱动。您看，这颗星和

■ 候风地动仪复原图。

那颗星总是离得那么远。"少年时代对星辰的观察，激发了张衡努力探索宇宙奥秘的决心。

张衡17岁时，离开家乡，踏上了探求科学真理的征途。他来到喧闹的洛阳城，结识了许多著名学者和优秀青年，他们经常在一起研究数学、天文学、历法等。

东汉时期，中国发生地震的次数是比较多的。为了测定地震方位，及时挽救人民的生命和财产，126年，张衡在复任太史令后，就注意收集地震的情报和记录。经过多年的潜心研究，他终于在132年发明了世界上第一个测定地震方位的科学仪器——候风地动仪。

■ 一天，地动仪正对西方的龙嘴突然张开，吐出了铜球。几天后有人来报，陇西一带发生了地震。

该地动仪是用青铜铸成的，形状像一个大酒樽，周围镶嵌着8条龙，按照东、南、西、北、东南、东北、西南、西北的方向排列着。每条龙嘴里都衔着一颗铜珠，每个龙头下分别蹲着一只张着嘴的铜蛤蟆，像在等候食物一样。

地动仪内部有一根大铜柱，铜柱旁有8条通道，通道内安有机关。一旦发生地震，铜柱就会向地震的方向倾斜，触动通道内的机关，而那个方向的龙头就会张开嘴巴，吐出铜球，落在下面的蛤蟆口中，同时发出很大的响声。利用它，不但可以知道有没有发生地震，而且可以测出地震的方向。

这个地动仪非常灵敏，人们通过对所发生的地震事实加以验证，发现地动仪所指出的地震方向和地震实际发生的方向几乎一点不差。有一次，地动仪正对西方的龙突然吐出了铜球。但是，洛阳城里的人丝毫没有感觉到有地震发生。于是人们议论纷纷，大家都怀疑地动仪的准确性。结果，没过几天，千里之外的陇西来报，那里发生了地震。人们一看，地动仪竟然能测出这么远的地方发生的地震，都十分信服。

　　张衡的地动仪在当时是一项在世界上遥遥领先的伟大发明，直到1700年后，欧洲才制造出原理基本相似的地震仪器。除了地动仪，张衡还发明了可以观测天象的浑天仪、可以测定风向的候风仪、能够自己飞行的木鸟等。另外，他在地理、文学、艺术方面也硕果累累，是一个多才多艺的科学家。

成功密码

　　张衡出身贫寒，但他却成为多才多艺、硕果累累的科学家，他是怎么做到这一点的呢？纵观全文，我们知道，正是因为从小树立了远大的志向，始终具有好学深思、刻苦钻研、毫不自满的精神，才铸就了张衡的成功之路。

妙手回春的神医
华佗

人物档案

姓　　名：华佗

生 卒 年：？～208

籍　　贯：豫州沛国谯（今安徽亳州市谯城区）

身　　份：医学家

重大成就：发明了麻沸散

　　华佗是东汉时期的沛国谯人，他从小就刻苦钻研学问，尤其喜欢研究医学和养生方法。他立志行医济世，为民众解除病苦。年轻时，华佗去徐州（州治在今山东郯城西南）游学，拜名医为师，再加上自己不断的努力，终于掌握了渊博的医学知识。

　　华佗虽然医术高妙，名扬四海，但他仍然虚心学艺。一次，他发现一个自己无法治愈的病人被一位老中医治好了，就决定隐瞒身份，到那位老中医门下拜师学艺。

　　华佗投到老中医门下，虚心学习三年之久。一天，老中医外出，留下华佗在屋中拣药。这时，来了一个大肚子的病人。华佗诊断后，便开了二两砒霜，让他分两次吃。病人拿到药后大吃一惊，心生疑惑。病人出门时刚好碰到老中医回来了，就向老中医询问。老中医笑道："这个药方没错，你放心服用，包你药到病除。"

病人走后，老中医却越想越疑惑："我的这个徒弟怎能开出这种治疗疑难病症的药方呢？"在老中医的再三询问下，华佗只好拜倒在地，公开身份。老中医忙将他扶起，赞叹道："你已经是名医了，还能到这穷乡僻壤刻苦学艺，真不容易啊！"此后，老中医便把自己所知的医术都传给了华佗。

三国鼎立时，战争频繁，士兵和老百姓中受伤生病的人

Celebrity stories

很多。华佗是当时最有名的医生，伤病员都请他治疗。由于那时没有麻醉药，每当做手术时，伤病员都要忍受极大的痛苦。

有一天，华佗碰到一个奇怪的病人：病人牙关紧闭，口吐白沫，双手攥拳，躺在地上不能动弹。华佗上前查看他的神态，号他的脉搏，发现病人一切都正常。患者的家人说，他身体非常健壮，什么疾病都没有，就是今天误吃了几朵臭麻子花（又名曼陀罗）才得了这种怪病的。

华佗听了，连忙让人找了一些臭麻子花。华佗看了看，又摘了朵花放在嘴里尝了尝，顿时觉得头晕目眩，满嘴发麻。从那天起，华佗开始对臭麻子花进行试验。他先尝叶，后尝花，然后再尝果和根。试验结果表明，臭麻子果的麻醉效果最好。华佗又走访了许多医生，收集了一些有麻醉作用的药物，经过多次不同配方的炮制，终于把麻醉药试制成功。他又把麻醉药和热酒配制在一

■ 中医是中国传统医学，现今在医学界仍然起着举足轻重的作用。

■ 华佗总结前人的理论和经验，模仿虎、鹿、熊、猿、鸟这五种禽兽的动作姿态，创编出名为"五禽戏"的保健体操。图为五禽戏之熊戏、猿戏、鸟戏。

起使用，麻醉效果更好，故为此药取名"麻沸散"。

麻沸散的发明为人类战胜疾病痛苦提供了新的手段，同时也为医学发展开拓了新的领域。

成功密码

分析华佗的成才过程，我们不难发现，华佗的成功是因为他从小便树立了远大而美好的理想，踏踏实实地苦学，并付出终身不辍的努力。勤学苦练，使华佗掌握了丰富的医学知识，获得了精湛的医术；淡泊名利，立志终身以医为业，刻苦钻研医学，矢志不移，使华佗终成一代名医。

活字印刷术的发明者
毕昇

Bi Sheng

人物档案

姓　　名：毕昇

生 卒 年：? ~约1051

籍　　贯：蕲州蕲水县直河乡（今湖北英山县草盘地镇）

身　　份：发明家

重大成就：发明了活字印刷术

　　毕昇出身于一个普通的平民家庭，由于家境贫寒，父母没钱供他上学。毕昇从十几岁开始，就进了杭州一家私人书坊当学徒。

　　在等级森严的书坊里，学徒地位最低，最受剥削，但毕昇从不叫苦叫累。通过努力学习，毕昇逐渐熟悉了雕版印刷的各个程序，对刻工、印工的技术都掌握得十分娴熟。几年以后，毕昇终于成为一名熟练的书坊印刷工匠。

　　毕昇在工作的过程中，渐渐地认识到雕版印刷有很多弊病，如雕刻书版不仅耗时较长，而且雕刻过程中若刻

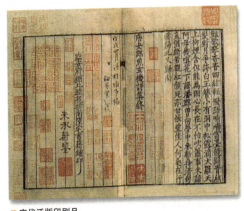

■ 宋代活版印刷品。

错一个字，就得从头再刻。这样印出来的书成本较高，书价自然就很昂贵，导致很多想看书的人买不起书。

有一天，毕昇在书坊里工作了整整一天，眼看一整块书版就要刻成了，可一不留心，刻坏了一个字。他觉得把整块版扔掉太可惜了，就想："能不能刻一个字补上去呢？"毕昇抱着试一试的心理，先把刻坏的字用刀削去，在原处挖出一个浅浅的小方孔，再做成一个与小方孔大小吻合的小木片，上面刻好需要的那个字，然后用胶粘在小方孔里。这样，那块书版又可以用了。

这件事对毕昇启发很大，他开始着手制造单个活字。这项工作花费了毕昇八九年的时间。因为制造活字是一项前所未有的工作，没有现成的办法可以借鉴或参考。但毕昇不怕困难，他开动脑筋，认真琢磨。开始试验时，毕昇选用木材作为制造活字的材料，他费了很大的劲，总算做成了一个又一个木活字。接着，他把这些活字拼在一块铁板上，再用一个铁框把它们框起来。可是稍稍一动，这些字就变得歪七扭八了，根本无法上墨印刷。

毕昇左思右想，忽然想到，松脂和蜡的黏性很大。他找来一些松脂和蜡，熔化后倒在铁板上。这一下，木活字终于被牢牢地固定在铁板上。可一上墨，问题又出来了。这些小木块一沾上墨水后就膨胀变形，印出来的字模糊不清，效果非常差；而且那些小木块活字也无法再使用了。

■ 毕昇塑像。

于是，毕昇又接连试验了好几种材料，最终选用胶泥做原料。他在胶泥上刻好字后，放到火里一烧，就成了坚硬、不吸水的胶泥活字。然后，毕昇照着要印的书稿，拣出需要的泥活字，按顺序把它们粘在一块铁板上，再上墨印刷，就得到印刷效果非常好的书籍了。而且，这些胶泥活字可以重复使用，大大提高了印刷效率。

很快，毕昇发明的胶泥活字印刷术就流传开来，甚至传

Celebrity stories

到了欧洲、非洲等地。它的出现，极大地推动了世界文明的发展，为社会文化的发展和传播做出了不可磨灭的贡献。

成功密码

　　毕昇出身贫寒，他的才能是从学习和实践中一点点积累起来的。为了克服雕版印刷的诸多弊端，他反复琢磨，大胆创新，经过不懈努力终于创造了活字印刷术。勤奋好学、勇于创新、锲而不舍，是他成功的关键所在。

简仪的发明者
郭守敬

人物档案

姓　　名：郭守敬

生 卒 年：1231～1316

国　　籍：顺德邢台（今河北邢台市）

身　　份：水利学家、天文学家、数学家

重大成就：发明简仪，编制《授时历》

　　郭守敬出身于一个书香世家。他的祖父是颇有名望的学者，熟知天文算学，擅长水利工程。在祖父的影响下，郭守敬从小就喜欢读书，对天文学尤感兴趣。少年时期，郭守敬被祖父送到精通天文学的刘秉忠门下去学习，在那里获得了很大的教益。

　　1276年，元世祖忽必烈决定修改旧历，颁行元代自己的历法。名义上以张之谦为首脑，但他下令组织太史局，召集全国的天文学者来修订新历法。名义上以张文谦为首脑，但实际主持这项工作的是郭守敬幼

■ 元代观象台。

年时的好友王恂。王恂深知郭守敬擅长天文，便推荐他参加修订新历的工作。

制定历法的工作一开始，郭守敬就提出"历之本在于测验，而测验之器莫先仪表"。郭守敬检查了大都城里天文台的仪器装备后，发现它们都是金朝甚至北宋的遗物，不能使用，于是决定创制新器具。

圭表在进行测量时非常重要，但旧的表影边缘不够清晰，测量影长的技术也不够精密。于是，郭守敬把圭表的表竿加高到五倍，观测时的表影也加长到五倍。表影变长，按比例推算各个节气时刻的误差就可以大大减少。圭表的改进工作大概完成于1277年夏天。原物早已不复存在。现在河南省登封市还保存着一座砖石结构的观星台，其中就有按郭守敬原设计重造的圭表。当地人民给郭守

■ 郭守敬测量日影的长度。

敬创制的圭表起了一个很豪迈的名字，叫"量天尺"。

改进了圭表之后，郭守敬开始动手改进浑天仪。他改进浑天仪的原则是简化。他经过刻苦钻研后，大胆革新，把浑天仪中重重套装着的圆环省去一些，只保留了最主要、最必需的两个圆环系统。这样，浑天仪的基本结构改变了，比起原来的浑天仪，真是既实用又简单，所以被称为简仪。简仪的地平装置，叫作立运仪。它可以同时测量天体的地平方位和地平高度，在我国的天文仪器中属于首创。立运仪是近代测量用的经纬仪和航空导航的天文罗盘等仪器的最早形式。

■ 南京紫金山天文台的简仪复原图

郭守敬用他创造的简仪进行了许多精确的测量，其中最有意义的两项是对赤道和黄道交角的测定和二十八星宿距度的测定。郭守敬的这两项观测成果，对编订新历有重大的意义。此外，郭守敬所进行的其他天文测量，也为创制新历提供了精确的实测数据。正是在这个基础上，新历——

《授时历》诞生了。1281年，《授时历》在全国颁行。

■《授时历》书影。

　　郭守敬编制的《授时历》，是中国历史上使用时间最长的一部历法，也是中国古代最精密的历法。它以365.2425天作为一个回归年，与地球绕太阳公转一周的实际时间只差26秒，跟目前国际通用的公历（格里历）完全相同。为纪念郭守敬对天文历法做出的卓越贡献，1981年国际天文学会将月球背面的一座环形山命名为"郭守敬环形山"，将小行星2012命名为"郭守敬小行星"。

成功密码

　　郭守敬从小就对天文学有着浓厚的兴趣，这是他迈向成功的最初动力。在发现圭表和浑天仪的弊端后，他没有因袭旧法，而是勇于实践，大胆革新，最终发明了先进的天文仪器，为天文学的发展做出了突出的贡献，泽被后人。

纺织技术大革新
黄道婆

Huang Daopo

人物档案

姓　　名：黄道婆

生 卒 年：约1245～?

籍　　贯：松江府乌泥泾镇（今属上海徐汇区东湾村）

身　　份：棉纺织革新家

重大成就：改进纺织工具，革新织造技术

　　黄道婆出身于一个贫苦的农民家庭。幼年时，她白天跟父母在田里干活，晚上还要跟母亲学习纺纱织布。那时，心灵手巧的黄道婆就深深地喜欢上了纺织劳动。12岁那年，由于生活所迫，黄道婆被父母卖给有钱人家当童养媳。在婆家，她难以忍受公婆、丈夫的虐待，便逃出婆家，随船来到了海南岛的崖州。

　　当时，海南岛的主要居民是黎族同胞，那里的妇女个个都是纺织

■《卷布图》。

能手，出产的各种民族服装远近闻名。黄道婆悉心学习，没多久就了解并熟悉了各道纺织工序。在实践中，黄道婆还融合吸收了家乡织布技术的长处，逐渐成为技术精湛的纺织能手。

近30年过去了，已入中年的黄道婆越来越怀念家乡和亲人，于是她带着踏车、椎弓等纺织工具，踏上了北归的路途。黄道婆回到故乡

■ 黄道婆利用先进的纺织技术创造出不少名优纺品，图为云锦。

后，看到家乡的人们在去籽净棉时，仍然靠手指一个一个地剥，便教大家改用新的擀籽法。她让大家把籽棉放在又硬又平的石板上，然后用一根光滑的小铁棍用力擀挤棉籽，这样一下子能擀出好多个棉籽。

但黄道婆仍不满足，继续寻找更快、更省力的办法。有一天，她忽然想到了黎族脚踏车的原理，心里豁然一亮。她日夜琢磨，终于参照这一原理制造出一台轧棉机。黄道婆和两个姐妹，一个人向机器里喂籽棉，两个人摇动曲柄，棉籽、

棉絮就迅速分落在机器的内外两侧，剥籽速度大大提高了。

在纺织工具上，黄道婆将用于纺麻的脚踏纺车改成三锭棉纺车，使纺织效率一下提高了三倍，操作也比原来方便省力。另外，三锭脚踏纺纱车代替了旧式单锭手摇纺车，是棉纺织史上的一次重大革新。

除此之外，黄道婆还将传统的丝绸生产工具和技术，创造性地用在纺织生产过程中，提高了纺织质量和织布工艺，使当地人民能用纱线织出各种色彩的棉布，其绚丽灿烂的程度能

与丝绸相媲美。这是黄道婆与劳动人民一起，把丝织生产经验运用于棉纺织业的又一革新创造。

黄道婆所传授的先进的纺织技术，被越来越多的人掌握。到元朝末年，松江一带已有100多家居民从事纺织业，那些过去依靠贫瘠土地过日子的人，在生活上都有了改善。人们忘不了黄道婆的恩情，在她去世的时候，乌泥泾人悲痛流泪，把她安葬在今天华泾镇北面东湾村，还专门建造祠堂来纪念她。逢年过节，人们都要为她举行祈祷仪式。

成功密码

黄道婆之所以成功，与她具备的多种优秀素质密不可分。坚强刚毅的个性，让她不向命运屈服；开拓和革新的精神，促使她不断改进纺织工具，创新织布技艺；诚恳开阔的胸怀，让她无私传播自己的先进技术，受到了世人的称颂和爱戴。

微生物学的开拓者
列文虎克

人物档案

姓　　名：安东尼·冯·列文虎克
生 卒 年：1632～1723
国　　籍：荷兰
身　　份：生物学家、显微镜学家
重大成就：制造高分辨率显微镜，首次观察到微生物

　　列文虎克出身贫寒，小时候只接受过一点基础教育。16岁时，他就挑起了养家糊口的重担，到首都阿姆斯特丹的一家布店当学徒。6年的学徒生活结束后，列文虎克回到家乡代尔夫特，凭自己的手艺开了一家布店。不过他很快就转了行，成了代尔夫特市政厅的看门人。

　　有一次，列文虎克从一位朋友那里得知，在阿姆斯特丹有许多眼镜店，除磨制镜片外，还磨制一种放大镜，这种放大镜能将很微小的东西放大，使观察者可以清清楚楚地观看物体。这引起了列文虎克强烈的好奇心，他也想拥有一个放大镜。他跑到眼镜店一问，

■ 列文虎克于1665年设计改进的显微镜。

得知放大镜的价格惊人，不是他所能支付得起的。好在列文虎克当过学徒，手工活做得不错，看了眼镜店的人磨镜片的过程便默记在心。

列文虎克回去后找来玻璃材料，利用业余时间磨制、装配玻璃透镜。为了用起来方便，他用两个金属片夹住透镜，再在透镜前面安装上一根带尖的金属棒，把要观察的东西放在金属棒的尖端上观察，并且用一个螺旋钮调节焦距。这样，一架显微镜就制成了。此后数年里，列文虎克先后制作了400多架显微镜，放大倍数最高的达到300倍，远远超过了同时代的人。

有了自己的显微镜后，列文虎克将能够想到的小东西一个接一个地放在镜片下，观察它们的真面目。其中包括一些甲虫的附肢、蚊子的口器和泡干草的水等。微观世界的精彩令他兴奋不已，他不停地观察，不停地记录。

1675年的一天，天空下起了滂沱大雨，狭小的实验室又黑又闷，列文虎克无法再使用显微镜进行观察。于是，他站在屋檐下的窗口，观看雨水。忽然，他萌生了一个念头：用显微镜来看看雨水里有什么东西。于是，他跑到屋檐下，用吸管在地面上的积水坑里取了一管雨水，滴了一滴在显微镜下进行观察。

"雨水怎么会是活的？"列文虎克不禁大叫起来。原来，他看到雨水里有无数奇形怪状的"小居民"在蠕动。为了验证这个问题，他用干净的杯子到外面接了半杯雨水，然后取一滴放在显微镜下，结果却什么东西也没有看到。可是，过了几

■ 列文虎克发现微观世界。

天再观察，杯子里的雨水又有"小居民"了。结论是显而易见的，这些"小居民"不是来自天上。列文虎克把自己的这一发现报告了英国皇家学会，从而轰动了整个学术界。

列文虎克发现的"小居民"就是后来人们所说的细菌。他的这一发现，打开了人类认识微观世界的一扇窗口，为自然科学的发展开辟了广阔的新天地。

成功密码

列文虎克为了探索微观世界的奥秘，细心观察，用心研究，逐步开发并完善了生物科学的研究工具——显微镜，从而为生命科学的发展做出了重大的贡献。纵观他的一生，正是潜心钻研、坚持不懈的精神，为他铺就了成功的道路。

珍妮纺纱机的发明者
哈格里夫斯

Hargreaves

人物档案

姓　　名：詹姆斯·哈格里夫斯

生 卒 年：1710～1778

国　　籍：英国

身　　份：纺织工、木工

重大成就：发明珍妮纺纱机

　　哈格里夫斯是英国的普通工人，他心灵手巧，既会纺纱，又会做木工活儿。他的妻子也是一个善良勤奋的人，她起早贪黑，从早到晚忙着纺纱。可是由于当时的纺纱机上只有一个纺锤，纺纱速度特别慢，因此她每天纺出的纱并不多。哈格里夫斯见妻子每天辛苦劳累，总想把这老掉牙的纺纱机改进一下。

　　1764年的一天，妻子在厨房里准备早餐，哈格里夫斯像往常一样，坐在纺纱机旁纺起纱来。他一边纺纱，一边思考着改

■ 18世纪50年代，纺纱技术还很落后。

■ 哈格里夫斯发明的珍妮纺纱机。

造纺纱机的问题。早餐做好了，妻子叫他吃饭。哈格里夫斯边答应边站起身，一不小心就把纺纱机碰翻了。

哈格里夫斯赶紧去把纺纱机扶起来，但面前的情景却使他停了下来。原来他看到原本平放的纺锤竟然直立起来，可仍在不停地转动。他想："既然纺锤直立时也能转动，要是并排多安装几个直立的纺锤，用一个纺轮带动它们同时转动，不就可以同时纺出好几根纱了吗？"

哈格里夫斯兴奋地把自己的设想告诉妻子，妻子被他的话打动了，便鼓励他试一试。此后，哈格里夫斯每天只要一有时间就开始研究家里的那台纺纱机。那台机器不知被他拆了多少遍，哈格里夫斯也不知道为此度过了多少个不眠之夜。

经过一年的反复试验和改进，哈格里夫斯终于成功了。他在装有4条木腿的框子上并排放了8个立式纺锤，木框下有转轴，木框上有滑轨。用手摇纺轮，能同时纺8根纱。这台纺纱机结构很简单，体积也不大，由一个人就可以操作，大大节省了人力。

世界上第一台高效纺纱机就这样诞生了。夫妇俩用女儿珍妮的名字，将其取名为"珍妮纺纱机"。珍妮纺纱机的出现，引起很多手工纺纱者的恐慌。他们担心效率高的纺纱机问世后，将使自己成为"下岗工人"，于是有许多工人冲进哈格里夫斯家，怒气冲冲地把珍妮纺纱机砸得粉碎，甚至有人还放火点燃了哈格里夫斯的房子。

■ 19世纪初的英国纺织厂。

面对威胁，哈格里夫斯没有退缩。1768年，哈格里夫斯与别人合资开办一家纺纱作坊，用珍妮纺纱机生产针织用纱。1770年，哈格里夫斯获得了发明专利。由于珍妮纺纱机不但效率高，纺出的纱质量也比较好，因此哈格里夫斯的生意一直不错，珍妮纺纱机也渐渐流传开来。

珍妮纺纱机随后不断得到改进，纺锤由8个增加到18个、30个、100个，

■ 正在学习纺织的儿童。

纺织效率大大提高了。珍妮纺纱机一经传播之后，很快在英国纺织业中被推广开来，极大地提高了纺纱机的工作效率，从根本上缓解了一度困扰英国纺织业的"纱荒"。恩格斯将这种发明称之为"使英国工人的状况发生根本变化的第一个发明"。

成功密码

哈格里夫斯具有良好的实践力与创造力，这为他发明珍妮纺纱机打下了良好的基础。同时，哈格里夫斯乐于研究，任何力量都无法阻止他研制纺纱机的热情。"精诚所至，金石为开。"对于一个如此专注一致、孜孜以求的人，他的成功，也就成为了必然。

把人类带进蒸汽时代
瓦特

Watt

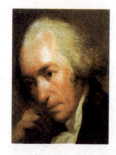

人物档案

姓　　名：詹姆斯·瓦特
生 卒 年：1736～1819
国　　籍：英国
身　　份：发明家
重大成就：改良了蒸汽机

1736年，瓦特出生在苏格兰格里诺克镇。他自幼聪明好学，遇到不懂的问题总喜欢刨根问底。有一次，小瓦特在厨房里看到灶上烧着一壶水。不久，水沸腾了，壶盖不停地上下跳动。这种常人司空见惯的现象却引起了小瓦特的浓厚兴趣。他想："到底是什么力量推动壶盖跳动呢？"他把壶盖揭开后盖上，盖上又揭开，终于发现是水蒸气在作怪。这次细心的观察，成为日后瓦特与蒸汽机结缘的基础。

1753年，对于17岁的瓦特来说，是非常不幸的一年。

■ 18世纪的人们对瓦特设计出的蒸汽机充满美好的憧憬。

这年，母亲因病去世，经商的父亲濒临破产，瓦特只好自谋生路，到伦敦的一家仪表修理厂当学徒工。凭着自己的勤奋好学，他很快学会了修理、制造那些难度很高的仪器。

21岁那年，瓦特来到格拉斯哥大学当教具实验员，负责制造和修理仪器。一天，他在修理一台纽可门式蒸汽机时，发现这种蒸汽机存在着很严重的缺点，那就是汽筒裸露在外面，四周的冷空气使汽筒温度逐渐下降，蒸汽进去后，还没等汽筒热透，就有一部分变成水了。要使汽筒再变热，又要消耗很多蒸汽，这样一冷一热反复循环下去，只能有四分之一的蒸汽被有效利用。这是一种多么不经济的蒸汽啊！

从那以后，瓦特开始思考改进的办法。1765年的春天，晚饭后的一次散步中，瓦特又开始苦苦地思索这个问题。忽然，他想到，既然纽可门式蒸汽机的热效率低是蒸汽在缸内冷凝造成的，那为什么不让蒸汽在缸外冷凝呢？瓦特立即回到了修理间，开始工作了。他废寝忘食地研究，排除了重重困难，终于制成了"冷离凝结器"。这是瓦特的第一项发明，也是他对蒸汽机的最大贡献。

后来，瓦特又先后发明了单动式蒸汽机和联动式蒸汽机，以蒸汽为动力来推动各种机器运转。1784年，瓦特发明了一种连杆装置，使蒸汽机不再靠人力去调节活塞，这标志着世界上第一台"万能蒸汽机"诞生了。从此以后，世界各国的工厂、火车、船等全部

■ 蒸汽机的广泛应用给人们带来了极大的便利。

以蒸汽为动力，人类开始步入了"蒸汽时代"。后人为了纪念这位伟大的发明家，把功率的计算单位称为"瓦特"。

成功密码

瓦特从小就喜欢机械制造，长大后更是全身心地投入到他喜爱的事业中。在改良蒸汽机的过程中，瓦特经历了很多挫折，没有别人的经验可供借鉴，他就废寝忘食地钻研、试验。正是这种勤奋好学、锲而不舍的精神，以及对发明的执著追求，为他铺就了非凡的成功之路。

电池的发明者
伏打

Volta

人物档案

姓　　名：亚历山德罗·伏打
生 卒 年：1745～1827
国　　籍：意大利
身　　份：物理学家
重大成就：发明了伏打电堆

　　伏打出生于意大利的一个贵族家庭，他的家人几乎全部服务于教会。12岁时，伏打就进入当地的教会学校学习。但是，他没有屈从家庭影响和宗教思想的束缚，一心想在自然科学上有所成就。

■ 电池的结构及原理。

　　18岁时，伏打进入大学攻读自然科学，从此他开始全身心地投入到了自然科学研究领域。大学毕业后，伏打担任科莫大学预科物理教授，他一边教学一边从事实验和发明活动。伏打在自然科学研究方面极具天赋，1769年他发表了论文《论电的吸引》，引起了学术界的注意。

伏打一生中最伟大的发明，是以他的名字命名的"伏打电堆"。这个电堆为人们第一次提供了比较强的稳恒电流，为电学的研究从静电领域进入动电领域创造了条件。关于"伏打电堆"发明的过程，得从意大利的解剖学教授伽伐尼解剖青蛙时的偶然发现说起。

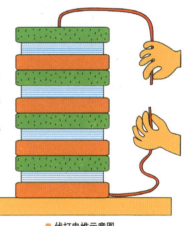

■ 伏打电堆示意图。

1780年，伽伐尼把一只青蛙放在一块铁板上。当他把勾青蛙的铜丝和铁板一碰，蛙腿就收缩一下。通过这个实验，伽伐尼得出结论：蛙腿收缩是电击的作用，青蛙的神经能产生电流。他称这种电流为"动物电"。这种说法得到了许多著名学者的认可，然而，善于思索的伏打没有盲从。他认为青蛙的肌肉和神经中是不存在电的，电的流动可能是由两种不同的金属相互接触产生的，与金属是否接触活动的或死的动物无关。

为了证明自己的判断，伏打把铜制圆片和锌圆盘用导线分别接到验电器上，又用一块布片蘸满盐水夹在两个金属中间，结果他看到验电器上显示电流很强，而且很稳定。这个实验证明，两种不同金属接触时会发生电流效应，而且当金属浸入某些液体时，也会有同样的效应。这就说明电并不是从蛙的组织中产生的，蛙腿的作用只不过相当于一个非常灵敏的验电器而已。

后来，伏打又把许多对圆形的铜片和锌片相间地叠起来，每一对铜锌片之间放上一块用盐水浸湿的麻布片。这时只要用两条金属线将顶部的锌片和底部的铜片焊接起来，两个金属端点就会产生几伏的电压。金属片对数越多，电力越强。这种电源装置就是"伏打电堆"。伏打电堆是第一个人造化学电池，它首次为人类提供了稳定而连续的电流，从而轰动了整个科学界。

电池发明后，人们应用原电池原理制作了多种电池，如干电池、蓄电池、充电电池和高能电池等，以满足不同的需要，随时随地为人类带来光明和动力。在现代生活、生产和科学技术的发

■ 形形色色的电池。

Celebrity stories

■ 电池的应用范围很广，比如人造卫星使用的就是一种原始电池的衍生品——太阳能电池。

展中，电池发挥着越来越重要的作用。作为一种便携式的发电设施，它被广泛地应用在人类的生活和工作中。后人为了纪念伏打的成就，将电压的单位命名为"伏特"（即"伏打"），简称"伏"。

成功密码

　　伏打的成功首先得益于他在学术研究上严谨求实，敢于挑战权威理论。其次，他重视利用科学实验的方法得出结论，而这种结论是最经得起实践检验的。在实验的过程中，他善于捕捉化学反应中各种物质的相互联系，追根求源，因而取得了举世瞩目的成就。

消灭天花的功臣
詹纳

人物档案

姓　　名：爱德华·詹纳
生 卒 年：1749～1823
国　　籍：英国
身　　份：免疫学家、医学家
重大成就：发明牛痘接种法

　　詹纳自幼就对生物学颇感兴趣。年少时，詹纳经过辗转求学，积累了丰富的医学知识。25岁那年，詹纳开设了一家诊所，从此开始了辉煌的行医生涯。

　　在詹纳所生活的18世纪，天花病非常猖獗，仅英格兰岛一年就有45000人死于此病。那个时候的人们都知道，一个人如果得过天花，那么他以后就再也不会患这种病。根据天花的这一特点，中国人发明了人痘接种术，这种人痘接种术后来被引入英国。

　　詹纳在8岁时也接种过人痘，对此印象很深刻。事实上，这种方法虽然对预防天花有一定的效果，但它仍有一种

■ 詹纳画像。

■ 詹纳在进行他的第一次天花预防接种。

严重的缺陷：接种的人会引发局部性痘疹，若发病严重，仍会有死亡的危险。詹纳目睹这一状况，不免忧心忡忡，他决心找出一种新的、既有效又安全的治疗方法。

一次，詹纳去乡下的一个农场给一个农夫治病。在那儿，他得知当地人们早有一种认识：牛痘，即一种牛生的痘疮，可以传给人，人一旦得了牛痘，就再也不会被传染上可怕的天花。詹纳首先对这种村野传说做了一番实证性的研究分析，然后让生过牛痘病的人同天花患者接触，发现生过牛痘病的人果然没有被感染。经过详细的调查，詹纳积累了大量的资料，同时也产生了用接种牛痘来预防天花的大胆想法。

1796年，在众目睽睽下，詹纳从一个患了牛痘的病人的手指肿疮处取出少量脓液，接种到一个8岁小男孩的身上。两个月后，詹纳又给这个小男孩接种了天花菌液，正如他所期望的，小男孩没有患天花的迹象。这成为人类历史上人体牛痘接种的首次成功试验。詹纳反复研究了27个病例，并写成了《种牛痘的原因与效果的探讨》一书，宣布了他的研究结果。

詹纳将发现公开以后，受到了来自社会各方面的压力。英国皇家学会不相信一个乡村医生能制服天花病毒，甚至把他当作哗众取宠、沽名钓誉的骗子。有些民众则不相信牛痘可以免疫，相反，认为会引起天花的流行。

面对这些指责，詹纳坦然应对，他一直没有对自己的事业丧失信心，继续免费为村民接种牛痘。1798年，英国、法国、俄国等地又流行天花，被感染的人不计其数。这时由詹纳接种牛痘的人已有2018人。在这次的天花流行期里，这

■ 詹纳行医的雕像。

2018人没有一人传染上天花，詹纳的发现得到了一次有力的证明。在无须辩驳的事实面前，英国当局承认了詹纳关于接种牛痘预防天花的学说。

1803年，詹纳在伦敦成立了皇家詹纳学会，推广种痘免疫的方法。接种牛痘预防天花的方法很快传遍世界各地，死于天花的人数在10年之内降到

■ 詹纳在伦敦成立皇家詹纳学会。

了最低限度，天花的流行终于被詹纳控制了。美国的医学界、议会以及俄国皇后等先后给予他荣誉和物质奖励；在德国，詹纳的生日成为固定假日。詹纳成为世界知名的伟大人物。

成功密码

詹纳的成才起始于少年时代的辗转求学之路，这使他掌握了丰富的医学知识。在攻克天花的过程中，詹纳始终刻苦钻研、努力探索。面对来自各方面的质疑和不信任，他从容面对，用实践向世人做了最好的证明。这一切，都促使他成为杰出的医学巨人。

蒸汽轮船的首创者
富尔顿

人物档案

姓　　名：罗伯特·富尔顿

生 卒 年：1765～1815

国　　籍：美国

身　　份：工程师

重大成就：发明了蒸汽轮船

　　富尔顿自幼家境贫困，因没钱交学费，他在童年时读书很少。12岁的一天，富尔顿和同伴一起划船到河的上游去找活儿干。突然，河面上刮起阵阵狂风，掀起层层巨浪。他们见情况不妙，赶紧往岸边划。可是汗水湿透了他们的衣服，但船仅能艰难地移动。

■ 在轮船发明前，帆船在海上交通工具中占据统治地位。

富尔顿对同伴说："要是有一种东西能让船自动行走，那该多好啊！"同伴一边用力划着桨，一边笑着说："那种东西是什么呢？"富尔顿一时回答不出，不觉羞红了脸。从

■ 富尔顿制造的第一艘蒸汽轮船。

那以后，富尔顿就决心一定要解决这个问题。

21岁时，富尔顿来到伦敦，靠绘画谋生。在一次社交场合，富尔顿结识了蒸汽机发明家瓦特。于是，富尔顿决定用蒸汽机做动力，驱使船只行驶。经过详细调查、考证，富尔顿掌握了船的吨位与动力大小的比例、船身的长度与宽度的比例等问题，设计出了实用的蒸汽轮船的图纸。但是要真正造出一艘轮船，需要更艰苦的探索，当然也需要财力。富尔顿自筹资金，并借来一台蒸汽机做发动机。经过多年的艰苦努力，富尔顿终于制造出了一艘以蒸汽机为动力的轮船。

1803年，富尔顿在法国的塞纳河上进行试航，可是这天偏巧遇到了特大暴风雨。巨浪把他辛辛苦苦研制出来的轮船拦腰折断，转眼间，轮船就沉没了，连借来的蒸汽机也沉入河里。富尔顿用多年汗水换来的成果，就这样被残酷地毁于一旦。

这个沉重的打击使富尔顿大病了好几个星期。不过，富尔顿没有因失败而灰心丧气，他决定继续自己的"轮船梦"。富尔顿积极地找来赞助方，又经过一年多的研制，终于在1807年制成了"克莱蒙特"号轮船。这艘船长约45米，排水量约100吨。船的两舷有两个明轮，蒸汽机带动明轮旋转，明轮上的叶片在水中划动，推动着船只前进。

　　8月的一天，"克莱蒙特"号轮船在哈德逊河下水了。岸边聚集了许多好奇的观众，面对这样一艘没有帆、没有橹的船，人们开始议论纷纷，没有人相信它会在水中行走而不沉没。上午10点，随着富尔顿一声令下，"克莱蒙特"号轮船启航了。它那高高的烟囱里冒出黑烟，明轮推动江水发出哗哗的响声。在连续航行了32小时之后，"克莱蒙特"号轮船完成了从纽约到奥尔巴尼距离为240千米的路程，比以往最快的帆船少用了1/3的时间。

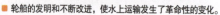
■ 轮船的发明和不断改进，使水上运输发生了革命性的变化。

此后，"克莱蒙特"号轮船成了纽约和奥尔巴尼之间的定期航班。巨大的成功让富尔顿备受鼓舞。1810年，富尔顿办

■ 现代轮船的结构示意图。

起了船运公司，他又先后制造了17艘轮船，航速也大大提高了。蒸汽轮船的出现在人类船舶制造业的发展史上揭开了崭新的一页。在此后的100多年里，蒸汽轮船成为主要的水上运输工具。为了纪念富尔顿对人类做出的杰出贡献，人们将他的故乡——宾夕法尼亚州的兰开斯特县命名为"富尔顿县"。

成功密码

富尔顿自幼家境贫寒，但他没有对生活丧失信心，而是立志发明动力轮船。无论遇到什么困难，他从不轻言失败。富尔顿正是凭着这种永不服输、坚忍不拔的意志和毅力，制造出世界上第一艘蒸汽轮船，将人类带入水上航行的蒸汽时代。

发明听诊器的名医
雷奈克
Laënnec

人物档案

姓　　名：何内·希欧斐列·海辛特·雷奈克
生 卒 年：1781~1826
国　　籍：法国
身　　份：医生
重大成就：发明了听诊器

　　雷奈克出生在法国的布列塔尼省。6岁那年，他的母亲便因肺结核去世了。父亲由于工资微薄，担负不了沉重的生活负担，就把小雷奈克送到他的叔叔居洛木·雷奈克医师那里寄养。

　　居洛木医术精湛，他一心想让雷奈克继承自己的衣钵，便和哥哥达成协议，共同出资送雷奈克到巴黎去深造。受叔叔的影响，雷奈克也极想在医学上取得一番成就。到了巴黎后，雷奈克拖着疲倦的身体，当天便向巴黎当时最有名的大

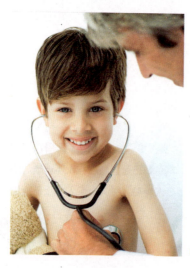

■ 如今，听诊器已成为医生检查心肺的必备工具。

医院——创建于1607年的慈善医院申请入学。考核通过后，雷奈克在著名的医学家科维萨特门下学习。雷奈克怀着对医学无比热爱的心情，刻苦努力地学习。

在求学期间，雷奈克不但学习成绩优异，而且在研究上也取得了突出成绩。比如他在研究慢性酒精中毒患

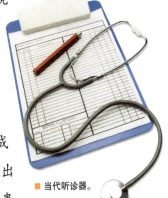

■ 当代听诊器。

者的肝脏中，发现结痂的部位呈暗褐色，由此总结了这种疾病的特征，因此该病也被命名为"雷奈克肝硬化"。

毕业后，雷奈克成了一名医生。一天早上，雷奈克漫步在卢浮宫广场的草坪上，苦苦思索着如何为不久前收治的女患者治疗。原来，雷奈克几天前被请到一个贵妇家中去为一个姑娘看病，这个姑娘正因心脏病的症状而痛苦不堪。

当时的诊病方法是，医生将耳朵贴近病人胸部来听肺部、心脏等的声音是否异常。但是这个姑娘非常胖，因此雷奈克无法用以前的叩诊法听到她内脏的声音。再加上患者是女性，用这种方法也明显不合适。所以，雷奈克为此大伤脑筋。

走着走着，雷奈克突然看到几个孩子正在玩跷跷板游戏——一个孩子在跷跷板的一端用大头针刮擦木板，另外几个孩子则把耳朵贴在跷跷板的另一端倾听。不久，那几个孩子欢呼道："听到了！听到了！"

看到这里，雷奈克走过去问："孩子们，能让我也听听这声音吗？"孩子们痛快地答应了。雷奈克把耳朵紧贴跷跷板的一端，果然听到了孩子们用大头针刮擦木板的声音。

雷奈克一下子联想到那个女患者的病情，心想："能不能用这个方法听到胖姑娘这类病人内脏的声音呢？"于是，他立即招来一辆马拉篷车，直奔女患者的家里。他紧紧卷起一叠纸，将其卷成圆筒，罩在患者的胸部听。他惊奇地发现，这样比直接附耳于患者胸口听得更清晰。不一会儿，雷奈克就诊断出患者的病情，并开好了药方。

雷奈克回到家里，立即找人专门制作了一根空心木管，长约30厘米，两

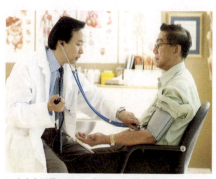

■ 为病人测量血压时，离不开听诊器的帮助。

端各有一个喇叭状的管子，这就是世界上第一个听诊器。因为这种听诊器的样子很像笛子，所以被称为"医生的笛子"。1819年，他还写成了有关专著《间接听诊法》。在这本书中，雷奈克详细地记述了经由听诊器听到的多种心与肺的声音。他还仔细地将各种诊音分类，并以临床观察和

■ 随着科技的发展，电子听诊器已经问世。

解剖为根据对各种声音做了病理解释。听诊器的发明，使雷奈克诊断出许多不同的胸腔疾病，因此他也被后人尊为"胸腔医学之父"。

成功密码

　　受孩子们玩游戏的启发，雷奈克灵光一现，从而发明了医生最常用的诊断用具——听诊器。往往看似毫无关联的两件事，在有心人的眼里却能变成解决问题的钥匙。其实真正毫无关联的事物并不存在，雷奈克正是因为善于观察生活中的各种事物，才找到了解决难题的好办法，为医学的发展做出了卓越的贡献。

发明世界上第一列火车
史蒂芬孙

Stephenson

人物档案

姓　　名：乔治·史蒂芬孙
生 卒 年：1781～1848
国　　籍：英国
身　　份：发明家、工程师
重大成就：发明了蒸汽机车

　　史蒂芬孙出生于英格兰一个煤矿工人家庭，小时候常去煤矿给父亲送饭，对那里的各种机械产生了浓厚兴趣。14岁时，他成为煤矿锅炉工的助手。为掌握蒸汽机的构造原理、操作和维修，他每晚都去几千米之外的夜校学习数学和物理。

■ 早期的蒸汽机车样式简单，缺乏实际使用的价值。

　　经过刻苦学习，史蒂芬孙由一个穷工人成为一名技艺高超的专家。1809年，史蒂芬孙因修好了一辆别人都修不好的运煤车，被提拔为工程师，几年后成了总工程师。当时，陆地上的主要运输工具是马车，蒸汽机车因处于实验阶段而缺乏实际使用的价值。为了改善煤矿的运输状况，史蒂芬孙也投入到了蒸汽机车的研制中。

■ 史蒂芬孙主持修建了世界上第一条铁路。

在研制过程中，史蒂芬孙做出了极有远见的重大决断：他决定把蒸汽机车放在轨道上行驶；为防止车轮打滑，他在机车上装上棘轮，让它在有齿的轨道上带动机车向前行驶。

经过反复研究和试制，史蒂芬孙于1814年7月25日制成一台坑道用蒸汽机车。这台机车能拉30吨货物，但速度极慢，震动声也很大，而且不停地冒浓烟。坐在机车上的人满面烟尘，被颠得筋疲力尽，于是大家讥笑他的机车还不如马车。但史蒂芬孙毫不气馁，继续钻研，不久就造出了较为先进的机车。

1823年，史蒂芬孙主持修建英格兰北部的一条商业铁路，这是世界上第一条铁路。他把轨道由过去用生铁制造改为用钢制造，并创造性地在铁轨下放置了枕木，从而解决了过去铁轨因震动而常常发生断裂的问题。

1825年9月27日，史蒂芬孙亲自驾驶自己设计制造的"旅行者"号机车，举行了隆重的通车典礼。这列火车后面拖着装有煤和谷物以及载有450名乘客的30多节车厢，以每小时24千米的速度行驶，轰动了英伦三岛及欧美各国。在机车运行时，煤矿上的居民见蒸汽机车行驶起来时，烟囱直往外喷火，便给它取了一个名字叫"火车"。

然而，火车的出现并没有使人们放弃在铁路上驾驶马车。1829年，利物浦至曼彻斯特的铁路铺成后，铁路委员会举行了一次别开生面的火车和马车的比赛，以决定采用火车还是马车。史蒂芬孙父子为此制成"火箭"号机车，其锅炉共有129根铜管，可以极快地产生蒸汽，以推动车轮飞速前进。

比赛开始了，史蒂芬孙驾驶"火箭"号机车在这条铁路上平稳地行

■ 史蒂芬孙发明的"火箭"号机车。

■ 火车的出现开辟了陆上运输的新纪元。

驶，任何有足够勇气的人都可坐上去体会过去的四轮马车永远无法给予的最高速度。最后，"火箭"号机车以极大的优势取得了胜利。人们不再对史蒂芬孙制造的机车产生丝毫怀疑。世界各地纷纷掀起"铁路热"，人类从此进入了"火车时代"，铁路成为交通的大动脉。

成功密码

　　史蒂芬孙在艰苦的环境中，坚持学习，积累了许多专业知识。在刚刚制造出蒸汽机车后，面对人们怀疑的目光，史蒂芬孙没有退缩。他进一步提升蒸汽机车的性能，使这种新型交通工具得到了认可，同时也为工业文明的发展插上了腾飞的翅膀。

邮票之父
罗兰·希尔

Rowland Hill

人物档案

姓　　名：罗兰·希尔
生 卒 年：1795～1879
国　　籍：英国
身　　份：教育家、改革家
重大成就：发明了世界上第一枚邮票

罗兰·希尔出身于英国一个中产阶级家庭，父亲托马斯热衷于教育事业。受父亲的影响，罗兰·希尔曾在父亲办的学校里担任教师。1832年，罗兰·希尔在伦敦创办了一所学校，并担任该校的校长。

■ 邮票发明之后，邮政事业得到了蓬勃发展。

1836年的夏天，罗兰·希尔在伦敦郊外的村庄避暑。一天，他正在附近散步，看到邮递员把一封信交给一个姑娘。那个姑娘接过信，只匆匆瞟了一眼，便把信还给了邮递员，红着脸说："对不起，先生，我没钱付邮费，请您把信退回去吧。"

罗兰·希尔非常同情这个姑娘，

便表示要替她付邮费，可那个姑娘却说："谢谢你的好意，先生，我已经知道信的内容了。"罗兰·希尔听糊涂了，姑娘便解释道："我的未婚夫在军队里服役，每个星期都寄来一封信。我收一封信，就要花去5先令。因此，我们事先约定，如果他在外面一切平安，就在寄来的信封上画一个圆圈，我只要看一眼信封便知道了。"

■ 1便士邮票上印的是维多利亚女王的侧面头像。图为白金汉宫前的维多利亚女王纪念碑。

听完这番话，罗兰·希尔更同情这个姑娘了。从那以后，他决心提议改革邮政，将人们从沉重的邮资负担里解放出来。经过仔细调查和研究，罗兰·希尔发表了《邮政改革的重要性与可行性》的小册子。他建议大幅降低邮资，实行邮件不分远近、一律收费1便士的均一邮资；设计一种邮资已付的凭证，由寄件人购买后贴在邮件上。这种凭证的大小与邮戳相仿，背面涂一层薄胶，这就是罗兰·希尔关于邮票的最初创意。

罗兰·希尔的建议在议会上引起极大反响，很多人表示支持，但也遭到一些议员的反对，因为如果实施这些建议将会直接影响他们的既得利益。罗兰·希尔坚持自己的主张，他经过三年的努力，终于说服了政府和议会。1839年8月17日，英国维多利亚女王批准了这个提案，决定自1840年1月10日起实行1便士均一邮资法。此外，她还任命罗兰·希尔负责邮政改革工作。

为了把创意中的1便士邮票变成现实，罗兰·希尔广泛征集邮票图案。在众多的设计图中，罗兰·希尔采用了威廉·怀恩创作的维多利亚女王的侧面头像，这样既显示了发行邮票的权威性，又通过邮票宣传了英国，宣传了女王。邮票采用黑色油墨印刷，面值1便士，人们称之为"黑便士邮票"。

黑便士邮票除不具齿孔外，与现在邮票的特征大体相仿。

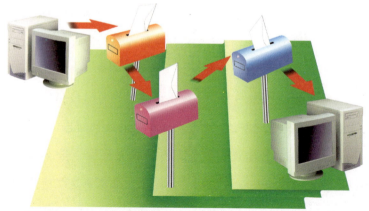

■ 随着科技的发展，如今很多人采用电子邮件传递信息。图为电子邮件收发示意图。

它选用带水印的纸张印刷，背面涂有薄胶，并标有"邮政"字样。该邮票于1840年5月6日正式使用，由于使用方便，邮资低廉，因此深受人们的欢迎。在不到1年的时间

■ 存放信件的邮箱。

里，黑便士邮票竟重印11版，售出6800万枚。

由于罗兰·希尔对邮政改革的贡献，英国女王赐予他伯爵称号。罗兰·希尔逝世后，被集邮界誉为"邮票之父"，很多国家还专门发行了纪念他的邮票。

成功密码

罗兰·希尔是一位关心社会问题的发明家，面对邮资过重的问题，他能找到问题的根源所在，并提出可行的解决办法。这种出色的分析判断能力、善于解决问题的能力和关心民生的情怀，使他成为深受世人爱戴的"邮票之父"。

让盲人也能读懂文字
布莱叶

人物档案

姓　　名：路易斯·布莱叶
生 卒 年：1809～1852
国　　籍：法国
身　　份：教师
重大成就：发明了盲文

　　布莱叶出生在法国巴黎东部的一个小镇考普瓦利，他的父亲是制作马具的工匠。三岁时，小布莱叶在父亲的马具铺里玩耍，不慎用锥子弄伤了左眼，由此引起的感染很快影响到另一只眼睛。到了五岁时，小布莱叶双目都失明了，从此陷入无边的黑暗中。

　　转眼到了入学年纪，布莱叶因不能正常上学而急得伤心痛哭。父亲见他求学心切，便把他送进一所小学读书。布莱叶学习非常刻苦，再加上记忆力过人，学习成绩并不比健全的学生差。

　　1819年，布莱叶被送进巴黎皇家盲人学校。当时盲人学校的教学方法

■ 布莱叶发明的盲文得到了广泛应用。

是以口授为主，课本是用放大的、凸版的普通字母印刷而成，一个句子可能占据一整页，要摸懂一句话得花很长时间。另外，由于盲人在当时也不可能用普通文字写字，无法和别人进行文字交流。为此，布莱叶特别渴望能有一种比字母更方便的文字，供盲人摸读书写。

■ 布莱叶诞辰200周年纪念银币。

　　一天，海军军官巴比埃来皇家盲人学校参观，并给大家讲解海军夜间通讯演习的知识。他说自己曾发明一种让士兵在黑夜互相传递消息的方法，就是先将情报翻译成点子式的电报码，再在纸上扎出圆孔代表这些点子，然后让士兵用手摸纸上的圆孔，就可以知道情报的内容了。巴比埃认为，也许盲童也可以使用它交流信息。

　　听了巴比埃的介绍，布莱叶决定根据这套体系创造出一种专供盲人使用的文字。于是，他一边读书，一边不断地研究、试验。他常常忘记休息，通宵达旦的研究对他来说是家常便饭。只有当窗外的马车辘辘作响时，他才意识到黎明的到来。过度的劳累慢慢侵蚀着布莱叶的健康，后来，他患上了肺结核。

经过多年的摸索改进，布莱叶终于创造出一种新代码，它用凸起的、排列不同的小点子来表示26个法文字母。使用这种代码，学习更简便，阅读更快速。不久，他又用凸起的圆点来表示各种音乐符号，使盲人可以学习乐谱。

布莱叶向皇家盲人学校全体师生宣读这种代码，并请求校领导予以审查和推广使用。但是校领导坚持沿用原来的盲文，并不准布莱叶在学校传授和使用他的盲文。由于布莱叶发明的盲文便于摸读，方便书写，因此深受学生们的欢迎。学校里不准学，他们就在校外偷偷地跟布莱叶学，并义务为他做宣传。最后，皇家盲人学校在社会舆论的压力下，不得不采用了布莱叶的盲文。

1837年，布莱叶的不朽巨著《点字盲文》面世。1854年，法国政府认可了点字盲文，并在全境内

■ 刻有盲文的路牌。

推广使用。

1878年，在国际盲人教师代表大会上，布莱叶的"点字盲文"得到国际上的公认，大会一致决议让世界上所有盲人学校都采用"点字盲文"进行

■ 盲文的发明，帮助盲人解决了读书、写字难的问题。

教学，由此推广使用至今。1852年，布莱叶43岁时，肺结核夺走了他的生命，他的临终遗言是"我想我在世上的使命已经完成了"。

成功密码

从双目失明的盲童，成长为影响至今的发明家，布莱叶的成才之路充满了艰辛与坎坷。由于过度劳累，布莱叶身患顽疾，但他没有放弃努力，仍凭着坚强的毅力潜心钻研。终于，布莱叶发明出简单实用的盲文，为全世界的盲人带来了福音。

设立诺贝尔奖的炸药大王
诺贝尔

人物档案

姓　　名：阿尔弗雷德·贝恩哈德·诺贝尔
生 卒 年：1833～1896
国　　籍：瑞典
身　　份：发明家、化学家
重大成就：发明了硝化甘油固体炸药，创立了诺贝尔奖

诺贝尔年少时曾出国留学，他先到巴黎学习化学，后又到美国学习机械。在游学期间，诺贝尔看到矿工和筑路工人每天都被繁重的劳动压得喘不过气来，他当时便想，如果能将炸药爆破所产生的威力用于开矿和筑路，一定能够减轻工人的体力劳动，并且能提高工作效率。于是，诺贝尔开始研究并制造炸药。

当时有一种炸药叫硝化甘油，它威力巨大，但性能极不稳定。有时想尽办法也不能将它引爆，有时它又突然爆炸，给人

■ 炸药爆炸时能产生巨大的威力，诺贝尔由此产生了利用其开山筑路的想法。

们带来巨大伤害。诺贝尔反复进行试验，寻找安全引爆硝化甘油的方法。在经历了无数次失败之后，诺贝尔终于研制出被称为"诺贝尔雷管"的装置，成为火药发展史上的重大革新，使硝化甘油炸药进入了实用阶段。诺贝尔成功解决了硝化甘油炸药的引爆问题，但是这种炸药的安全问题又随之而来。

■ 诺贝尔的实验室发生了大爆炸。

　　1864年9月3日，诺贝尔的炸药试验遇到严重的挫折。实验室发生了空前的大爆炸，被夷为平地，5人在爆炸中不幸遇难，他的弟弟埃米尔也在其中，父亲也受了重伤。由于爆炸过于猛烈，周围的居民联合向政府提出要求，禁止诺贝尔在市内进行炸药试验。因此，瑞典政府当局下令禁止诺贝尔在陆地上做试验。家人因为已经失去了一名亲人，也劝阻诺贝尔，希望他能放弃这个危险

的试验。

　　诺贝尔经过冷静和理性的反省以及全面而深刻的总结，决定迎着困难继续他与死神"捉迷藏"的试验。这一次，诺贝尔为了最大程度地降低试验所带来的危险，索性租来一艘船，到离斯德哥尔摩不远的马拉湖中去做试验。

　　经过无数次的失败，诺贝尔终于在1867年研制出了"安全炸药"。这是一种由三硝基甘油和硅藻土混合而成的炸药，兼有安全可靠、爆炸威力大的特点。很快，安全炸药被应用于开矿和筑路工程，受到广大欢迎。诺贝尔利用自己的科研成果，在瑞典、德国、美国、英国、法国等国家开设了多个生产炸药的工厂，成为名扬四海的"炸药大王"。

与许多富豪不同，诺贝尔轻视金钱和财产。他关心人们的疾苦和科学事业，经常资助慈善事业和科学研究。到了晚年，诺贝尔把自己亲手积累起来的巨额财富全部献给了人类和平与进步事业。现在的诺贝尔奖已经超越了科学、人文等领域的奖项本身，成为人类追求进步、谋求发展的最高荣誉。

■ 诺贝尔奖章。

成功密码

诺贝尔的发明之路充满了艰辛。他在进行科学实验的过程中，经历了无数次的失败，甚至失去了亲人。但他不畏艰险，迎难而上，经过积极地探索和研究，终于取得了巨大的成就。另外，他乐善好施，设立大奖造福后世，这些都使得他名垂青史。

汽车之父
卡尔·本茨

Karl Benz

人物档案

姓　　名：卡尔·弗里德利希·本茨
生 卒 年：1844～1929
国　　籍：德国
身　　份：机械工程师、企业家
重大成就：发明了汽车

卡尔·本茨出身于一个普通的工人家庭，父亲是一名火车司机。在卡尔·本茨很小的时候，父亲就在一次事故中不幸丧生，所以他的童年生活境况很艰难。

读中学时，卡尔·本茨就对机械制造产生了浓厚的兴趣。1860年，他考入卡尔斯鲁厄综合科技学校。在那里，卡尔·本茨学习了机械原理与构造、发动机制造、机械制造经济核算等课程，这为他以后在汽车业方面的发展奠定了坚实的基础。

毕业后，卡尔·本茨先后在几个机械工

■ 卡尔·本茨制造的世界上第一辆三轮汽车。

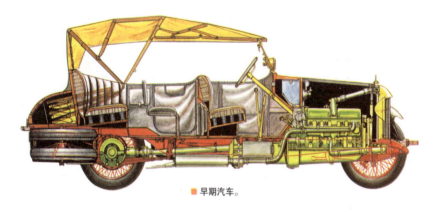

■ 早期汽车。

厂担任设计师，还在维也纳的一家钢铁结构公司工作过一段时间。1872年，卡尔·本茨向朋友借钱，兴建了一家机械工厂。但是由于当时经济不景气，加上经营不善，几年后工厂就面临倒闭的危险。万般无奈之际，他决定制造发动机，以获取高额利润摆脱困境。

卡尔·本茨在前人的基础上，对发动机做了一番改进，即在新的混合气体进入气缸之前，使废气净化成新鲜空气再进入气缸，这样可以避免爆炸的危险。不过这种发动机并没有使卡尔·本茨摆脱经济困境，他依然面临着破产的危险，生活十分艰苦。但是，清贫的生活没有改变卡尔·本茨投身发明的决心，他常常饿着肚子拼命工作，设计方案也不知修

Celebrity stories

改了多少遍。

　　1879年，卡尔·本茨成功研制出第一台单缸煤气发动机。1886年1月29日，卡尔·本茨发明了第一辆不用马拉的三轮汽车。在这项发明中，他果敢地摒弃了在技术上已十分成熟的蒸汽机，而选用并不被人看好的内燃机做动力，将内燃机改进为汽油发动机并安放在三轮汽车上。这个三轮汽车的车轮用实心橡胶制成，前轮小，后轮大，行驶方向靠操纵杆控制。为了提高人员乘坐的舒适感，他在车架和车轴间装上了钢板弹簧悬架。该车已具备了现代汽车的一些基本特点，如电点火、水冷循环、钢管车架、钢板弹簧悬挂、后轮驱动、前轮转向和掣动手把等，其齿轮齿条转向器是现代汽车转向器的鼻祖。

　　虽然这辆三轮汽车的时速只有16千米，但和当时的主要交通工具马车相比，速度还是相当快的。不过，这辆三轮汽车不太容易操纵，经常在围观的人们哄笑声中撞到墙

■汽车结构示意图。

上。但卡尔·本茨的妻子全力支持他，还亲自学习开着这辆车上街，所以现在世人都认为卡尔·本茨的妻子是世界上第一位正式驾驶汽车的人。

■ 奔驰汽车因结实耐用、性能优良而深受人们的喜爱。

　　不久，在慕尼黑工业博览会上，卡尔·本茨成功地展示了自己的汽车，一下子吸引了大批客户，从此他的事业蓬勃发展起来。很快，卡尔·本茨拥有了德国最大的汽车制造厂，生产名扬四海的奔驰牌汽车。作为现代汽车工业的先驱者，卡尔·本茨被世人誉为"汽车之父""汽车鼻祖"。

成功密码

　　卡尔·本茨拥有对机械制造的痴迷热情，虽然他的事业陷入困顿，但他没有听从命运的摆布，而是怀着对成功的渴求执著于发明。他顶着巨大的压力，在艰难的处境中不断努力和探索。他凭着坚持不懈、勇于创新的科学探索精神，最终摘到了成功的果实。

用发明改变世界
爱迪生

人物档案

姓　　名：托马斯·阿尔瓦·爱迪生
生 卒 年：1847~1931
国　　籍：美国
身　　份：发明家、企业家
重大成就：获得了白炽灯、留声机等1000多项发明专利

　　爱迪生小时候并不聪明，但是好奇心非常强。他善于观察、思考，对任何事情都喜欢刨根问底。比如他看到铁匠将铁放在熊熊的烈火中烧红，便问父亲："火为什么会燃烧？火为什么这么热？"他的这些问题经常把父亲问得哑口无言。

　　爱迪生很喜欢科学。10岁时，他迷上了化学。于是，他在自己家的地窖里建起了一个小实验室。他把平时省吃俭用的钱，全部花在购买化学用品和化学仪器上。但光靠这点钱是不能满足实验需要的，于是他就到火车上卖报，辗转于休伦

■ 19世纪的人们预想到2000年的生活场景。图中的男女主人公利用
有声报纸听报道，这些都得益于爱迪生的发明。

港和密歇根州的底特律之间。他一边卖报，一边兼做水果、蔬
菜生意，只要有空就到图书馆看书。

　　一次，爱迪生卖完报纸，为利用时间，便在火车上做起
了实验。忽然，火车一阵颠簸，把爱迪生实验用的一支磷杆摔
到地下，车厢立即着了火。火被赶到现场的人扑灭了，可是
发怒的车长狠狠地打了他几个耳光，从此爱迪生的一只耳朵聋
了，落下了终身残疾。车长还把他的实验用品统统踢到车外。
这是爱迪生一生中所受到的最大打击。但即便这样，也没有让
他灰心丧气。

爱迪生一生醉心于发明创造。他最伟大的发明之一就是白炽灯。当时，已经有人发明了一种叫电弧灯的电灯。但是电弧灯太刺眼，寿命也不长，耗电量非常大，因此爱迪生决心发明一种光线柔和的实用电灯，让千家万户都用得上。

在经历了无数次失败后，爱迪生终于点燃了第一盏真正有广泛实用价值的白炽灯，可美中不足的是灯丝的寿命不够长。为了延长灯丝的寿命，他又重新试验。在试用了约1600种材料之后，爱迪生终于找到了新的发光体——竹丝。这种灯丝可以持续照明1000多个小时。白炽灯的发明把人类带进了一个崭新的"电光"世界。

■ 爱迪生热衷于动手实验，常常沉迷于实验之中。

爱迪生可谓名副其实的"发明大王"。1885年，他获得无线电报专利。1888年，他发明了唱筒型留声机。1889年，他发明了放映机，获得"活动电影放映机"专

■ 爱迪生在思索如何改进电报装置。

利。1912年，他发明了"有声电影"……爱迪生一生共获得了1000多项发明专利，他的这些发明为人类的文明和进步做出了巨大的贡献，大大加快了人类社会的发展进程。

成功密码

当有人称爱迪生是"天才"时，爱迪生却解释说："天才就是1%的灵感加上99%的汗水。"的确如此，爱迪生的才能不是天生的，他的每一项发明都凝结着无数的汗水。面对实验中无数次的失败，他毫不气馁，以超乎寻常的勤奋和毅力继续着自己的发明创造，终于成为举世公认的"发明大王"。

电话之父
贝尔

人物档案

姓　　名：亚历山大·格雷厄姆·贝尔
生 卒 年：1847～1922
国　　籍：美国（原籍英国）
身　　份：发明家
重大成就：制成了世界上第一部实用的电话机

　　贝尔的祖父和父亲都是著名的语言学家。生活在这样的环境中，贝尔对语音学产生了浓厚的兴趣。

　　26岁时，贝尔被聘为美国波士顿大学的发声生理学教授。从那时起，他开始着手研制能用电流传递语音的电话。当时的贝尔对于电学知识几乎一窍不通，对他来说，要把这个设想变成现实几乎是不可能的事。但贝尔没有灰

■ 古城爱丁堡是贝尔出生和生长的地方。

心丧气，他从最简单的电学知识开始学习。贝尔几乎把业余时间都用在了电学的研究上，很快他便掌握了所需的电学和声学知识。后来，贝尔辞去波士顿大学发声生理学教授的工作，全身心地投入到发明电话的实验中。

1875年5月，贝尔和助手沃森研制出两台粗糙的电话样机。经过多次实验，这两台样机还是不能通话，可他们并没有放弃研究。一天，由于机件发生故障，助手房间里的电报机上有一个弹簧粘到磁铁上了，助手拉开弹簧时，弹簧发生了振动。与此同时，贝尔惊奇地发现自己房间里电报机上的弹簧颤动起来，还发出了微弱的声音。原来这是电流沿着导线把振动从一个房间传到了另一个房间。

贝尔的思路豁然开朗，他想："如果对着铁片

■ 贝尔虚心求教电学方面的知识。

081

说话，声音将会引起铁片的振动；如果在铁片后面放上电磁铁的话，由振动产生的电流沿着电线传到另一个相同的装置上，另一个装置也一定会发出同样的声音。这不就是梦寐以求的电话吗？"

于是，贝尔和助手又重新调整思路，进行研究。经过无数次的实验，经历了数不清的挫折、磨难和失败之后，终于在1876年3月10日这一天，电话的听筒里传出了声音。当时，贝尔和助手沃森分别在两个房间里准备进行对话实验。贝尔不小心把桌上的硫酸弄翻了，结果硫酸撒在他的腿上，腿被烧得火辣辣的。贝尔忍不住拿起电话叫道："沃森，快过来，我遇到麻烦了！"

沃森正拿着听筒和对话筒，他清楚地听

Celebrity stories

到了贝尔的声音，不由高兴地叫道："我听到了！"就这样，贝尔终于成功地实现了用电流传递声音的设想。

1876年，贝尔和沃森研制成世界上第一部实用电话机。贝尔发明的电话，掀起了一场人类交流方式的革命，使人类迈向了信息时代。

■ 1892年，贝尔在纽约至芝加哥的通话仪式上向人们展示他发明的电话。

成功密码

贝尔开始对电学一窍不通，但是他从零开始，凭借刻苦学习充实了自己的电学知识。在研究工作中，无论遭遇多大的困难，贝尔从不灰心丧气。他勤于思考，努力钻研，最终成功地发明了电话，成为影响深远的科学巨匠。

画出心脏跳动的图谱
爱因托芬

人物档案

姓　　名：威廉·爱因托芬
生 卒 年：1860 ~ 1927
国　　籍：荷兰
身　　份：教授
重大成就：发明了心电图仪

　　1860年5月21日，爱因托芬生于印度尼西亚，父亲是荷兰军医，母亲是一名法国医生的女儿，家里非常富有。爱因托芬是由一位来自广东的保姆洪妈带大的。4岁那年，爱因托芬开始在上海侨居，并在上海的法童公学接受了幼年教育。6年的侨居生活，令他对中国很有好感。

　　爱因托芬从小便对洪妈十分依恋，洪妈也对爱因托芬照顾得无微不至，二人情同母子。但在爱因托芬17岁时，洪妈却因心脏病不幸去世了，这令爱因托芬非常伤心。想起洪妈在病床上痛苦挣扎，而自己却只能无助

● 医生正在为一名早产儿检查身体，心电图仪一直检测着孩子的心脏状况。

地站在一旁，毫无办法，于是爱因托芬决定投身医学，专门研究心脏病，立志要从病魔手中夺回更多心脏病人的生命。

■ 心电图仪。

1879年，爱因托芬以优异的成绩考入乌得勒支大学医学院，受教于病理学家兼眼科专家杜德氏。由于爱因托芬聪慧好学，杜德氏便将自己尚未宣告结束的许多有关病理的研究课题和资料全部传给了他，希望他与自己一起探究医学的最前沿领域。

那时，人们已经发现了"生物电"。基于此，爱因托芬决定研究心脏的电激动，即通过观察心脏的电激动来研究病人心脏的状况。为此，他先转入物理系苦读一年，掌握了电学的基本原理。

经过潜心钻研，爱因托芬终于有了新发现：心脏每次收缩之前，都会发生电激动。如果将这些电激动描述下来，就会形成一个波浪形曲线。因为正常的心脏跳动是有规律的，当心脏有异常情况时，心电活动就会发生变化，而这种变化就会准确及时地反映在心电图上。爱因托芬根据这一原理，制造了记录心脏跳动的心电图仪。

1886年，爱因托芬担任莱顿大学生理学教授。一次，莱顿大学附属医院来了一个病情严重的心脏病患者。由于这个患者身材肥胖，心脏跳动又过于微弱，因此医生们无法使用听诊器进行诊断，会诊的医生们个个面露难色。

这时，一向稳健的爱因托芬说："让我试试看！"他拿出自己认为技术还不够成熟的心电图仪连接在患者身上，结果出人意料的好，就连极轻微的心跳都测定出来了。这为医生的诊断提供了极大的帮助。就这样，世界上第一台心电图仪的"临床试验"成功了。

此后，爱因托芬又将心电图仪进行了数次改进和完善，把它运用到临床诊治

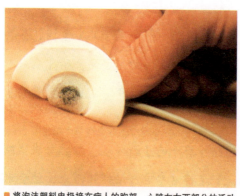

■ 将泡沫塑料电极接在病人的胸部，心脏左右两部分的活动就会被记录在心电图上。

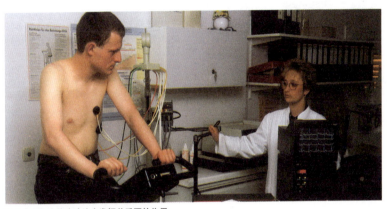

■ 心电图仪在临床诊治中发挥着重要的作用。

上后，得到了医生们的极大肯定。心电图仪操作简单、无创伤性、诊断准确，对心血管疾病的诊治意义十分重大。1924年，爱因托芬因这项发明而获得了诺贝尔医学奖。

成功密码

爱因托芬为了挽救心脏病人的生命，立志探究医学，这成为他进入医学界最原始的动力，并由此改变了他的一生。为研究心脏的电激动，他先潜心钻研电学，从而发现心脏跳动的规律，成功研制出心电图仪。他那心怀苍生的博爱精神、触类旁通的卓越才干，帮助他取得了辉煌的成就。

塑料之父
贝克兰

Baekeland

人物档案

姓　　名：列奥·亨德里克·贝克兰
生 卒 年：1863～1944
国　　籍：美国
身　　份：化学家
重大成就：制造了酚醛树脂

1863年，贝克兰诞生于比利时的文化古城——根特。他是鞋匠和女仆的儿子，从小家境极其贫寒。由于没钱买书，贝克兰经常向邻居借书阅读，他特别喜欢自然科学方面的书籍。勤学苦读，再加上阅读广泛，帮助他开阔了眼界。

上学后，贝克兰学习非常刻苦，成绩一向名列前茅。21岁时，贝克兰就以优异的成绩取得了博士学位，成为夏洛滕堡工业大学有史以来最年轻的博士。24岁那年，他被聘为布鲁日大学教授。1889年，贝克兰移居美国。

■ 塑料的加工流程示意图。

■ 工程塑料。

开始，他在纽约一家摄影器材店工作。不久，贝克兰就发明了一种可在人工光源下使用的照相纸。

当时电力工业刚刚萌芽，蕴藏着绝缘材料的巨大市场，于是贝克兰转而从事材料研究。由于忙于实验，贝克兰一直没有时间清理实验室，老鼠便成了这里的常客。于是，贝克兰从朋友家里抱回一只猫。没想到这只猫非常懒，眼看着老鼠在实验室里"胡作非为"，它竟无动于衷。

为了捕捉老鼠，贝克兰买来了一个捕鼠器，并在上面放一些软软的奶酪来诱惑老鼠。一天夜里，猫不小心把装有乙醛的容器打翻了，乙醛正好倒在捕鼠器上。第二天早上，贝克兰吃惊地发现，沾满乙醛的奶酪竟然变得既光滑又坚硬。凭着科学家的敏锐和直觉，贝克兰认定这里大有文章。于是，他开始兴致勃勃地研究起醛类物质与其他常见物质的反应来。

有一次，贝克兰在烧瓶里做甲醛与苯酚的实验。实验结束时，他发现烧瓶里有一块糊状的黏性物，怎么也洗不掉。贝克兰便向烧瓶里加了些锯木粉，并加热，看看这样做能否去掉它，没想到那块"令人讨厌"的物质发生了变化，变成了一种坚硬的、半透明的、具有无限可塑性的物质。这种物质防酸、防碱、耐腐蚀，在加热后极易成型，同时还不导电。由于它是苯酚和甲醛经过化学反应得来的，其形态类似树脂，因此被命名为"酚醛树脂"。

■ 用塑料制作的玩具。

1909年，贝克兰在美国化学协会的一次会议上，展示了世界上第一块全合成塑料。1910年，贝克兰创办了通用酚醛塑料公司，大量生产酚醛树脂。酚醛树脂的应用范围非常广，因此公司

■ 塑料制品在我们的生活中随处可见。

打出广告，称其为"万能材料"。不久，假冒酚醛树脂出现了，贝克兰便在产品上贴上了真品标签，以此区别于假冒产品。由于酚醛树脂非常畅销，因此同类产品开始大量上市。这时贝克兰果断地与规模较大的对手公司合并，创造了真正的酚醛材料帝国。

在迅速发展的汽车、无线电和工业等领域中，酚醛树脂被制成电话外壳、绝缘电缆、螺旋桨、阀门、插头、插座、管道等，与我们的生产、生活密切相关。

成功密码

贝克兰自幼喜欢自然科学，他通过勤读苦学，积累了丰富的知识。在摄影领域取得一定的成绩后，他没有止步不前，而是以敏锐的视角发现了绝缘材料的巨大市场。他凭着细致的观察力、非凡的创造力和独特的经商才能，最终打造了酚醛塑料帝国。

实现人类飞行梦想的勇士
莱特兄弟

Wright Brothers

人物档案

姓　　名：威尔伯·莱特　奥维尔·莱特
生 卒 年：威尔伯·莱特（1867~1912）
　　　　　奥维尔·莱特（1871~1948）
国　　籍：美国
身　　份：发明家
重大成就：发明了世界上第一架载人动力飞机

■ 莱特兄弟：哥哥威尔伯（左）、弟弟奥维尔（右）。

　　威尔伯·莱特和奥维尔·莱特是一对平凡的兄弟，他们出生在美国东部俄亥俄州的代顿市。莱特兄弟从小就对机械装置和飞行怀有浓厚的兴趣，他们在郊外玩耍时，特别喜欢观察鸟类的飞行，梦想自己有一天也能在空中自由地飞翔。为了制作飞鸟，他们除了把零花钱积攒下来之外，还出售自制的风筝和其他玩具，然后将挣来的钱购买实验材料，终于做成了一只安有橡皮盘的大飞鸟。

　　长大后，莱特兄弟开办了自行车店。他们利用闲

■ 在莱特兄弟发明动力飞机以前，人类靠乘坐氢气球来实现飞翔。

暇时间，设计制造了适用于轧棉机、缝纫机、打字机、割草机等机械上的各种工具和零件，附近的人们都称赞这对兄弟有着一双"魔手"。

19世纪末，科学技术的进步使得人们离上天飞行的梦想越来越近。有一次，莱特兄弟读到一条有关奥托·李林达尔在德国进行滑翔实验的消息。这条消息触动了莱特兄弟少年时期的梦想，他们开始留心寻找有关的资料，决心把前辈未完成的事业继续下去。

1899年，莱特兄弟向华盛顿的史密斯索尼学院发出了求

■ 莱特兄弟成了自行车销售商，他们所有重要的研究都是在销售自行车的闲暇时间里完成的。

助信，希望从他们那里得到一些有关航空实验方面的资料。很快，史密斯索尼学院就给这两位热心者寄来了他们手头上的所有资料，莱特兄弟欣喜若狂。在阅读了大量的资料之后，他们也开始着手制造未安装动力装置的滑翔机。经过多次滑翔操作和装置改进后，装有发动机的飞机终于研制出来了。

1903年10月，莱特兄弟带着他们的飞机来到基蒂霍克进行试飞。飞机只飞行了3秒半就掉了下来。幸亏离地面不高，威尔伯没有受伤，机身损坏也不严重。两天后，修好的飞机由奥维尔驾驶试飞，他记住了哥哥上次的教训，起飞时避免冲得太猛。12月17日，又是一个晴朗的好天气，奥维尔操纵着飞机，发动后冉冉升起，在空中连续飞行了12秒，接下来进行的数次试飞，飞行效果越来越好。莱特兄弟的试飞成功，标志着动力飞机的诞生。

■ 莱特兄弟。

1906年，莱特兄弟的飞机在美国获得发明专利。莱特兄弟以飞机发明家的声誉赢得了全世界的尊重。为此，莱特兄弟于1909年获得美国国会荣誉奖。同年11月12日，莱特兄弟在代顿市成立了"莱特飞机公司"，以改良和制造新型飞机。除了研制飞机，莱特兄弟还开办了一所飞行

■ 莱特兄弟成功试飞了人类历史上第一架装有发动机的飞机。

学校，训练飞机驾驶员。莱特兄弟把毕生精力贡献于科研事业，他们共同铸造了航空事业的丰碑。

成功密码

　　莱特兄弟自幼梦想能飞上蓝天，为了实现这个愿望，他们刻苦钻研，坚持不懈。在研制出第一架飞机后，他们不惜冒着生命危险进行飞行试验。凭着对飞行的热爱和勇于付出的精神，莱特兄弟终于成为实现人类上天梦想的勇者。纵观莱特兄弟的一生，正是梦想与勇气，帮助他们插上了飞翔的翅膀。

Marconi

将无线电波传遍世界
马可尼

人物档案

姓　　名：伽利尔摩·马可尼
生 卒 年：1874～1937
国　　籍：意大利
身　　份：发明家
重大成就：开创了无线电通讯时代

　　意大利发明家马可尼在青年时特别喜欢物理学，而且善于思考。有一次，在大学电学实验课上，老师通过实验告诉同学们："电磁波可以在空间传播，并且具有光一样的性质。"这番话引起了马可尼的兴趣，他想："如果能让电磁波带着信号飞过大海，超远距离的通讯就会成为可能。"

■ 马可尼和他的无线电装置。

此后，马可尼开始到处搜集资料，并仔细研究麦克斯韦和赫兹的电磁波理论。他推想："如果加强电磁波的发射能力，也许能增大它的传播距离。"马可尼在家中的阁楼上一遍遍地做着实验，期间经历

■ 马可尼曾于1933年12月来中国访问。

了无数次失败，以至于父亲都批评他是个"不切实际的空想家"，认为这种无谓的实验是在浪费时间。但马可尼毫不气馁，坚信自己的想法一定能够实现。终于，他的实验成功了，虽然通信距离只有可怜的几厘米，但这给了他莫大的鼓励。

为了增大信号可接收的距离，马可尼研制了一个更加灵敏的检测器，叫"检波器"。他把电池和铃与检波器并连，这样检波器一收到信号就会发出清晰的铃声。

后来，马可尼又自制了一个更大的电感应圈，用接地天线的方法来加强电磁波的发射能力。在使用这一新系统后，马可尼利用发报机发射的信号可以传达到几千米远的地方。经过不断改良，马可尼研制的发报机的通信距离越来越远，他的无线电通信研究取得了重大进展。

为了研制更先进的发报机，马可尼需要更多的资金，他希望父亲能够支持他的想法。但父亲希望马可尼能经营农庄，成为一个富有的农场主，所以一直反对他做实验，当马可尼向他借钱做实验时，他一口回绝。马可尼在无助的情况下，写信给当时的意大利邮政部长，汇报自己的实验情况，并希望政府能提供适当的资助。但意大利政府正致力于架设陆上电线和海底电缆，认为无线电毫无用处，因而拒绝了他的请求。

要实现无线电通信，没有政府的资助是很困难的。在母亲的帮助下，马可尼带着自己的发明来到了当时世界科技发展的中心——英国。英国邮电局很重视他的发明，认为无线电通信技术一旦成功，英国海军舰艇之间便可以连成一体，于是大力资助马可尼的研究。

马可尼经过反复实验，认为用调谐的方法来发射信号和接收信

■ 马可尼向人们展示他发明的无线电设备。

号，可以加强信号的发射与
接收。他还认为，提高发射
天线和接收天线的高度，就
能扩大通信范围。经过无数
次试验与创新后，马可尼完
成了2000米的无线电通讯。

● 无线电在今天已广泛用于军事、通信等众多领域。

但是，他并没有因此而满足，而是想让无线电传播得更远。

1896年，马可尼分别在伦敦、布里斯托尔湾等地成功地
演示了他的通讯装置。1901年，他用这套装置拍发出的信号
穿越了大西洋。这一消息震惊了全世界，马可尼从此开辟了一
个新时代——无线电通讯时代。 Celebrity

成功密码

马可尼善于汲取别人成功的经验，同时加以灵活地运用，这对他事业的成
功起了很大的作用。在研究无线电的过程中，无论遭遇多大的困难，马可尼从
不灰心丧气。面对自己取得的成就，马可尼也丝毫不感到自满，他继续努力探
索和研究，从而在无线电领域取得了巨大的成功。

现代火箭技术之父
戈达德

人物档案

姓　　名：罗伯特·哈金斯·戈达德

生 卒 年：1882～1945

国　　籍：美国

身　　份：物理学家、火箭专家

重大成就：研制了世界上第一枚液体火箭

　　戈达德出生于美国马萨诸塞州，年幼时他特别不喜欢上学，尤其不喜欢上数学课。十几岁时的一天，他坐在大树下阅读英国作家H·G·韦尔斯的科幻小说《星际大战：火星人入侵地球》，当时他就想："如果我能够做个飞行器飞向火星，那该多好！"

　　戈达德知道，要想实现这个目标，一定要读好书，特别是数学。即使自己特别讨厌数学，也必须攻下它。从那以后，戈达德学习特别用功。24岁那年，戈达德从伍斯特综合技术学院毕业，然后进入克拉

■ 戈达德和他研制的火箭。

克大学攻读博士学位。1911年，戈达德取得博士学位，并留校任教。

戈达德从1909年开始进行火箭动力学方面的理论研究，他坚信人类一定能穿越太空，步入另一个星球。他宣称只要有威力强大的火箭，就可以把人送到月球上去。他认为要使火箭达到宇宙航行所需的能量和速度，必须采用液氧、液氢做火箭推进剂。

可是，戈达德的设想在当时并没有得到认可，人们认为他的想法非常荒谬，科学界将他斥为异类，报界将他当成笑谈。《纽约时报》的记者们甚至嘲讽他为"月亮人"。

■ 早期理论中的火箭模型。

面对这些质疑和不理解，戈达德没有动摇自己的信念。他认为最好的办法就是继续走自己的路，他相信这种讥讽是不会持久的。

由于得不到社会各界的支持，戈达德的研究严重缺少经费。只有母亲支持他，她拿出所有的积蓄，让儿子制造火箭。然而，火箭的研制工作进展非常缓慢。在母亲临终前那一刻，38岁的戈达德哭得像个孩子："对不起，母亲，我没有把火星上的石头带下来给您。"

　　由于研制火箭需要大量的经费，他那些发射出去的小火箭早已把家里的积蓄全部用光。有一次，火箭没有往上飞，反而侧着平飞出去，结果把戈达德唯一所剩的老爷车也炸掉了。戈达德只好四处募资。这时，世界著名飞行员查尔斯·林德伯格在亲自考察了戈达德的实验和计划之后，设法从格根海姆基金会为他筹得5万美元，这对迫切需要进行实验的戈达德来说可谓雪中送炭。

　　1920年，戈达德开始研究液体火箭。1926年，他在马萨诸塞州沃德农场成功发射了世界上第一枚液体火箭。这枚火箭在2.5秒后，上升高度达12米，飞行距离达56米。虽然其性能并不理想，但它打开了液体火箭技术的大门。

　　1929年，戈达德又发射了

■ 搭载了航天飞机的火箭。

celebrity stories

一枚较大的火箭，这枚火箭比第一枚飞得更高更快，此外它还带有一只温度计、气压计和一架用来拍摄飞行全程的照相机。这枚火箭可以称之为科技史上"第一枚探空火箭"。

后来，戈达德又开发了多级火箭，每级发动机都能将火箭推得更高一些，直至飞出大气层。他的多级火箭设计思想直到今天仍在沿用，就某些方面来说，今天的火箭都是"戈达德火箭"。凭着对火箭研发技术卓越的贡献，戈达德被公认为"现代火箭技术之父"。

■ 火箭的发明使人类飞入太空的梦想成为现实。

成功密码

戈达德的一生是孤独而不被人理解的，虽然没有得到世人的认可，但他毫不气馁，坚持自己的发明。面对实验的失败，他凭着超乎寻常的勤奋和毅力继续着自己的发明创造，终于成为举世公认的"现代火箭之父"。

研制电视机的第一人
贝尔德

Baird

人物档案

姓　　名: 约翰·洛吉·贝尔德
生 卒 年: 1888～1946
国　　籍: 英国
身　　份: 电气工程师、发明家
重大成就: 发明了电视机

　　贝尔德出生在苏格兰海伦斯堡一个牧师的家里，他从小体弱多病，好几次差点被病魔夺去生命。不过，孱弱的体质也磨炼了他克服困难的勇气和毅力。

■ 贝尔德用电信号将人物形象搬上了屏幕。

　　大学毕业后，贝尔德在一家电气公司担任电气工程师。然而无情的病魔一直缠着贝尔德，无奈之下，他只好辞职养病。1923年的一天，一个朋友告诉贝尔德: "既然马可尼能远距离发射和接收无线电信号，那么发射图像也应该是可能的。"贝尔德深受启发，于是他决定要完成用电波传送图像的任务。

■ 早期电视只有黑白两种颜色。

贝尔德将仅有的一点财产卖掉，在英格兰西南部的黑斯廷斯建立了一个简陋的实验室。他没有实验经费，只好从旧货摊、废物堆里找来种种代用品，然后将它们用胶水、细绳及密密麻麻的电线串连在一起，就成了一整套实验装置。

贝尔德在实验室里夜以继日地进行实验，不断改进这套实验装置。虽然疾病折磨着他，但他仍顽强地工作着。功夫不负有心人，1924年春天，他终于成功地发射了一朵十字花。虽然发射的距离仅3米，图像也不清晰，然而他的这套装置实际上已成为世界上第一套电视发射机和接收机。

贝尔德心想，发射距离太近，图像不清楚，很可能是电压不够。于是他把好几百个电池连接起来，这样就可以得到2000伏电压。然而，他刚刚接通电路，结果不小心碰到了一根裸露的电线，强大的电流立即把他击倒在地。贝尔德的身体蜷成一团，立刻昏倒过去。

贝尔德被抢救过来后，很快又继续自己的实验。可是没过多久，

■ 电视机的结构示意图。

他的实验便陷入了困境，资金又周转不灵。幸运的是，家乡的两个堂兄弟给他寄来了500英镑，作为这项实验的入股资金。贝尔德高兴极了，立即全力以赴地投入实验。此时，贝尔德仍旧是一个人苦干，唯一陪伴他的是那个作为发射对象的木偶头像，他管它叫"比尔"。"什么时候能把比尔的脸部清晰地发射出去呢？"他经常一边干着，一边自言自语。

成功的日子终于到来了。1925年10月2日早晨，贝尔德在室内安装了一个能使光线转化成电信号的新装置。就在这天下午，他一按电钮，在接收机上，比尔的头部和面孔特征被清晰地显现出来。

"太好了！太好了！"贝尔德兴奋得一跃而起，"快找

Celebrity stories

一个活比尔来！"他一边说，一边
跑到楼下。见到一个15岁的店堂
小伙计，贝尔德便上前一把抓住
他。小伙计看到这个"疯人"，
吓得直打哆嗦。贝尔德不待细
说，便把他推到小楼上，让他坐
在比尔的位置上。几秒钟后，在
贝尔德的"魔镜"里，终于显示
出了第一张人脸。就这样，世界

■ 电视的出现拓宽了人们的视野，为人们了
解世界、享受生活提供了良好的条件。

上第一台电视机诞生了。从此，人类开始步入了电视时代，
成为人们日常生活中不可缺少的电器。

成功密码

　　贝尔德自幼体弱多病，虽然饱受病痛的折磨，但他始终没有放弃努力。在
研制电视机的过程中，贝尔德生活窘迫，还差点因触电失去性命。然而，不管
面对什么样的困境，贝尔德一直勇敢面对，他那永不服输、坚忍不拔的精神是
他取得成功的关键。

雷达专家
沃森-瓦特

Watson-Watt

人物档案

姓　　名：罗伯特·沃森-瓦特
生 卒 年：1892～1973
国　　籍：英国
身　　份：物理学家、雷达技术专家
重大成就：研制出了第一套实用的雷达系统

　　沃森-瓦特出生在苏格兰。1914年，他毕业于圣·安德鲁斯大学，并留校任教。此时，沃森-瓦特对无线电波的反射现象产生了浓厚的兴趣，于是他开始在这一领域进行深入研究。由于成绩显著，沃森-瓦特进入英国皇家物理研究所任职。

■ 沃森-瓦特出生在风景优美的苏格兰。

　　1934年，沃森-瓦特带领一批科学家对地球大气层进行无线电科学考察。一天，沃森-瓦特在观察荧光屏上的图像时，被一串小亮点吸引住了。这究竟是什么

呢？经过多次试验，沃森-瓦特发现这些亮点原来是从附近一幢大楼反射回来的无线电信号。沃森-瓦特立即联想到，既然大楼能反射无线电信号

■ 雷达的使用，帮助英国空军有效对抗来袭的德国飞机。

并在荧光屏上显示出来，那么在远处飞行的飞机是不是也能做到这一点呢？

从那以后，沃森-瓦特开始了应用无线电波探测飞行物的研究。1935年2月，他向英国空军提交了一篇名为《采用无线电方法探测飞机》的秘密备忘录，这引起了政府对军用雷达的关注。由于第一次世界大战时英国饱受敌机空袭之苦，于是当时英国空军总司令道丁便下令研制这种新型的、能远距离探测敌机的电子仪器。

接到英军的委托后，沃森-瓦特开始研究利用无线电波探测空中飞机的对空警戒雷达装置。他先制造出无线电波的发

射装置和接收装置，然后又把全部设备安放在载重汽车上。实验时，他让飞机从15千米以外的地方起飞，朝载重汽车飞来，结果他兴奋地在荧光屏上看到了由飞机反射回来的无线电信号的回波，这证明飞机已被探测到。

1935年2月26日，沃森-瓦特发明的雷达已能探测到16千米以外的飞机。同年，沃森-瓦特又研制出飞机探测雷达装置GH系统，探测距离为90千米。后来经过改进，到1936年1月，沃森-瓦特研制的雷达探测距离已达120千米。

此后，沃森-瓦特继续试验，并不断改进雷达装置，使它能用反射回来的无线电波跟踪飞机。1938年，英国在东海岸建立了对空警戒雷达网。第二次世界大战爆发后，德国飞机经常飞越大西洋对英国狂轰滥炸。但是，英国凭借雷达网，总能及时准确地掌握敌机的架数、航向、速度和抵达英国领空的时间，

■ 如今雷达已成为各国军事上必不可少的电子装备，图为航空母舰上复杂的雷达天线系统。

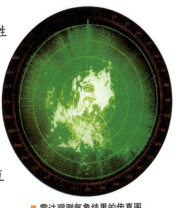

因此抢占了先机，为赢得战事的胜利打下了基础。

第二次世界大战期间，德国、意大利、日本等国家也在研究雷达系统。但是由于沃森-瓦特不懈的努力，英国的雷达技术一直处于领先地位。

■ 雷达观测气象结果的传真图。

雷达发展至今，种类越来越多，技术性能越来越完善，它不仅成了各国军事上必不可少的电子装备，而且还广泛应用于社会经济发展和科学研究领域，为人类做出了巨大的贡献。

成功密码

沃森-瓦特"偶然"发现荧光屏上的小亮点，从而深受启发，发明了雷达。除却其中的偶然因素，我们可以看到，沃森-瓦特不仅善于观察，而且富有创新精神。在发明雷达后，沃森-瓦特仍然不懈地钻研，使雷达技术得到长足发展。他的这种锐意进取、不断创新的精神，帮助他取得了成功。

Von Neumann

电子计算机之父
冯·诺依曼

人物档案

姓　　名：约翰·冯·诺依曼

生 卒 年：1903～1957

国　　籍：美国

身　　份：数学家

重大成就：发明了现代电子计算机

冯·诺依曼出生于匈牙利的布达佩斯，父亲是一位银行家，家境富裕。受父亲的影响，冯·诺依曼在幼年时期就对数学产生了浓厚的兴趣。后来在特聘家庭教师的悉心教导下，冯·诺依曼的数学天赋得到了迅速发展。在卢瑟伦中学读书期间，冯·诺依曼便发表了第一篇数学论文。

1926年，冯·诺依曼在布达佩斯大学获得了数学博士学位。1930年，他成为美国普林斯顿大学教授，两年后升任为该校高等研究所的研究员。1944年，冯·诺依曼参加原子弹的研制工作。这项工作涉

电子计算机之父——冯·诺依曼。

及的数学计算相当复杂，尽管冯·诺依曼所在的实验室为此聘用了一百多名计算员，利用台式计算机从早到晚计算，但还是远远不能满足需要。

■ 冯·诺依曼（右一）与合作者在工作室里。

没过多久，冯·诺依曼结识了世界第一台电子计算机——"ENIAC"研制小组的主要成员戈尔德斯廷，戈尔德斯廷向他介绍了正在研制中的ENIAC。冯·诺依曼对此深感兴趣，于是加入了ENIAC研制小组。从此，冯·诺依曼与电子计算机结下了不解之缘。

加入ENIAC研制小组不久，冯·诺依曼便以敏锐的眼光发现了ENIAC身上存在着两个致命缺陷：一是没有内部存贮器，导致解题时既麻烦又费时；二是逻辑元件多，结构复杂，可靠性低。因此，它还不能被完全称为现代计算机。

针对这两个问题，冯·诺依曼决定对ENIAC进行脱胎换骨的改造。他和戈尔德斯廷、勃克斯等合作者经过近一年的改革性研究，终于提出了一个结构全新的电子计算机方案——EDVAC设计方案。

在这个方案中，冯·诺依曼明确规定了电子计算机必须由运算器、控制器、存储器、输入设备和输出设备五大部分构成，并阐述了这五大部分的职能和相互关系。他还提出在计算机中采用二进制算法和设置内存储器的理论，这不仅使计算机的结构大大简化，而且为实现运算控制自动化和提高运算速度提供了良好的条件。

1952年，EDVAC计算机制造完成，它的运算速度与ENIAC相似，但是使用的电子管却大约只有5900个，比ENIAC少得多。EDVAC的诞生奠定了现代电子计算机的基本结构，标志着电子计算机时代的真正开始。此后，冯·诺依曼积极地参与了推广应用计算机的工作，对如何编制程序及数值计算做出了杰出的贡献。

■ 电脑中的二进制系统是由冯·诺依曼设计的。

1955年夏天，冯·诺依曼被查出患有癌症。但是他没有放弃工作，继续思考着计算机的改进方案、参加会议、发表演说……然而，无情的疾病折磨着他，最终他的病情宣告不治，于1957年2月8日在医院逝世。

冯·诺依曼虽然去世了，但他研制的电子计算机发展至今，不仅使人类社会的面貌发生了革命性的变化，也彻底改变了人们的工作方式和生活方式，将人类带入了信息时代。Celebrity

■ 现在，计算机的种类越来越多，其外形也日趋完美。

成功密码

在研制计算机的过程中，冯·诺依曼凭着深邃的洞察力、出众的解决问题的能力，奠定了现代电子计算机的基本结构。在现代计算机产生以后，冯·诺依曼不顾病痛，继续全力改进计算机，为电子计算机领域的发展做出了卓越的贡献。

方便面的发明者
安藤百福

人物档案

姓　　名：吴百福
生 卒 年：1910～2007
国　　籍：日本
身　　份：商人
重大成就：发明了方便面

　　安藤百福于1910年出生在中国台湾，原名吴百福。他很小就失去了父母，跟随祖父一起生活。祖父经营着一家销售纤维和纺织品的绸缎布匹商店，安藤百福一有空就跑进店铺，看大人们怎样谈生意。

　　1932年，22岁的安藤百福以父亲的遗产为本钱，经营起针织品生意。1933年，他来到日本大阪经商。安藤百福善于

■ 安藤百福出生于中国宝岛台湾，图为台湾西海岸。

观察人们的日常生活习惯，一个寒冷的冬夜，他经过一家拉面摊，看到人们顶着寒风排长队，只为了吃一碗热腾腾的拉面。于是，安藤百福决定研制一种注入

■ 1933年，安藤百福来到日本大阪经商。

开水就能食用的拉面，他相信，对于工作忙碌的人们来说，这可以提供极大的方便。从那以后，安藤百福把自己的住宅改成了小研究室，开始制作方便面。

要做成只用开水一冲就可以吃的面条，就必须在面条里加上点调料。为此，安藤百福在和面的时候倒进了一些咸肉汤。他认为，把和好的面轧成面条并蒸熟、烘干就算成功了。可是不知什么原因，轧面机里轧出来的面有的松松垮垮，有的粘成一团，安藤百福这才意识到方便面做起来并不简单。总结失败的原因，安藤百福认为是肉汤里的肉末颗粒太大了，但改进后仍然不成功。

安藤百福没有因为这次失败而灰心，他想出了另外一种

和面方法。他把面粉制成普通的面条，蒸熟后，再浸到酱汤里，使它带上点咸味。从轧面到加味，安藤百福不厌其烦地重复着试验，最后终于做出了好吃的面条。接下来要解决长期保存的问题。安藤百福用日光晒干法和熏制法使面条干燥，结果保存问题解决了，却不能使干燥的面条迅速复原成可食面。

安藤百福整天思考着面条的保存问题。一天中午，妻子做了一道可口的油炸菜肴，安藤百福猛然间从中领悟了做方便面的一个诀窍：油炸。

不过，采用这种方法也有问题。安藤百福为了调味，把面条浸在酱汤里，这使面条表面沾上了水分。再用油一炸，面条很容易粘在一起。不得已，安藤百福用酱汤浸过面条后，先用热风吹干面条表面，然后再用油炸。油炸后，面条上出现好多细孔。在热水中一泡，面条就像海绵吸水一样，很快就

■ 方便面的调味包是由很多种调味品调制而成的。

能变软。

就这样，安藤百福的方便面终于发明成功了。同年，安藤百福将公司更名为"日清食品公司"。方便面投放市场后，受到了人们的普遍欢迎，并很快传遍了世界各地。但安藤百福

■ 用油炸过的方便面便于保存。

并不满足于已有的成就，为了更方便人们食用，安藤百福又推出杯装方便面，使吃面的人可以端着面到处走动。这种包装帮助他开辟了更大的消费市场。如今，方便面因其方便、省时、经济，已成为常见的快餐食品。

成功密码

安藤百福通过人们排队吃拉面，发现了方便面的市场潜力，这种敏锐的洞察力为他的成功打下了坚实的基础。在研制方便面的过程中，他以锲而不舍的精神面对失败，终于取得了成功。在方便面投放市场后，安藤百福又对产品包装进行了创新，提高产品的竞争力，从而取得了更大的成功。

图书在版编目（CIP）数据

发明大家 / 龚勋主编. —南昌 ： 江西教育出版社，
2016.11
（影响孩子一生的中外名人成才故事）
ISBN 978-7-5392-9140-6

Ⅰ. ①发… Ⅱ. ①龚… Ⅲ. ①发明家－生平事迹－世
界－儿童读物 Ⅳ. ①K816.1-49

中国版本图书馆 CIP 数据核字(2016)第 278528 号

发明大家
FAMING DAJIA

龚勋　主编

江西教育出版社出版

（南昌市抚河北路 291 号　　邮编：330008）
各地新华书店经销
北京市松源印刷有限公司印刷
889 毫米×1194 毫米　32 开本　4 印张　字数 100 千字
2016 年 12 月第 1 版　2016 年 12 月第 1 次印刷
ISBN 978-7-5392-9140-6
定价：16.00 元

赣教版图书如有印装质量问题，请向我社调换　电话：0791-86710427
投稿邮箱：JXJYCBS@163.com　　来稿电话：0791-86705643
网址：http://www.jxeph.com

赣版权登字-02-2016-677